中国博士后科学基金面上项目（2014M560939）
中央财经大学青年教师发展基金（QJJ1545）

银行融资结构、银行间竞争与信用风险研究

刘 航 著

中国财经出版传媒集团

经济科学出版社
Economic Science Press

图书在版编目（CIP）数据

银行融资结构、银行间竞争与信用风险研究／刘航著.
—北京：经济科学出版社，2017. 5
ISBN 978 - 7 - 5141 - 8001 - 5

Ⅰ. ①银… Ⅱ. ①刘… Ⅲ. ①银行业务 - 投资管理 - 研究
②银行风险 - 风险管理 - 研究 Ⅳ. ①F830. 45②F830. 22

中国版本图书馆 CIP 数据核字（2017）第 101236 号

责任编辑：侯晓霞 程辛宁
责任校对：靳玉环
责任印制：李 鹏

银行融资结构、银行间竞争与信用风险研究
刘 航 著
经济科学出版社出版、发行 新华书店经销
社址：北京市海淀区阜成路甲 28 号 邮编：100142
教材分社电话：010 - 88191345 发行部电话：010 - 88191522
网址：www. esp. com. cn
电子邮件：houxiaoxia@ esp. com. cn
天猫网店：经济科学出版社旗舰店
网址：http: //jjkxcbs. tmall. com
北京密兴印刷有限公司印装
710×1000 16 开 8. 25 印张 150000 字
2017 年 9 月第 1 版 2017 年 9 月第 1 次印刷
ISBN 978 - 7 - 5141 - 8001 - 5 定价：22. 00 元
（图书出现印装问题，本社负责调换。电话：010 - 88191510）
（版权所有 侵权必究 举报电话：010 - 88191586
电子邮箱：dbts@ esp. com. cn）

献给我的父亲、母亲

前　言

　　本书分析了导致银行部门信用风险升高的四个可能原因：基于私人信号的存款者挤兑、投资者的资产抛售行为、银行对投资选择的有限承诺能力以及银行为了吸引存款而展开的竞争。本书基于对现实经济的观察，通过构建理论模型，说明了上述四个导致银行部门信用风险上升的经济诱因与银行的融资结构、投资选择的关系。

　　本书首先讨论基于私人信号的存款者挤兑行为对银行投资风险的影响。主要结论是：当存在存款者挤兑风险时，银行所选择的投资风险水平将高于社会的最优水平。本部分运用全局博弈的方法，在戴蒙德和迪布维格的经典框架下，分析了银行投资风险和存款者挤兑概率之间的关系。在本部分所设定的经济环境中，银行投资组合中风险资产的风险程度将取决于经济的基本面。银行存款者对其资金安全性的预期，也受到基本面的影响。银行对于投资组合的选择将会改变发生银行挤兑的概率，以及银行系统的脆弱性。为了抵消存款者提前取款的激励，银行必须承诺更高的长期消费水平。但是，兑现该承诺的唯一途径是投资更多的风险资产。这意味着银行投资组合的回报将对经济基本面更为敏感，从而使得整个银行部门变得更为脆弱。这一结果说明了市场约束力的局限性：为银行提供资金的存款者彼此之间的协调失灵可能会加剧整个银行系统的信用风险。政府可以通过提供存款保险降低发生存款者挤兑的概率，从而增强银行部门的稳定性。但是，存款保险本身也存在着种种缺陷，可能导致银行过度风险承担问题的加剧。

　　其次，本书关注投资者在资产市场的抛售行为对于银行信用风险的影响，并着重考察一种新型的融资工具——或有资本——对于银行部门以及整个金融系统稳定性的影响机理。具体而言，本部分通过构建一个简单的多期模型，探讨或有资本对于降低银行信用风险、减少资产抛售量和增强市场稳定性的作用机制。主要结论是：通过事先持有或有资本，银行能够有效地降低自身的信用风险，并在一定条件下减少银行资产的抛售量，达到稳定金融市场的目的。本部分首先分析了当资产价格外生给定时，具有不同资本结构的银行发生信用风险的条件；以及，当银行持有或有资本时，其选择不同资本补充方式（选择抛售资产还是触发或有资本转换）的条件。然后，通过引入资本市场将资产价格内生化，发现之前得到的主要结论仍然成立，验证了本部分理论分析结果的稳健性。

再次，本书分析了银行有限承诺能力对其投资风险、进而对其信用风险的影响。在本部分所讨论的经济环境中，存款者在未来将面临流动性冲击。如果经济中不存在任何摩擦，并且银行可以对其资产选择做出可置信的承诺，那么银行便可以作为存款者的有效代理人，在不同消费偏好的存款者之间实现最优的风险分担。但是，如果银行无法向存款者做出有效的承诺，银行便偏好承担过度的风险。为了降低银行过度承担风险的激励，必须对银行所提供的储蓄合同加以扭曲，这将使得存款者之间的风险分担也随之扭曲，从而造成社会福利的下降。具体而言，在存在银行道德风险的情况下，同社会福利最大化的情形相比，均衡时的资源配置将发生严重的扭曲：短期存款利率过低，长期存款利率过高，并且银行所选择长期资产的风险也将高于社会最优水平。但是，如果监管部门可以针对银行存款的利率期限结构施加有效的规制，那么，长期资产的风险水平可以恢复到社会最优的水平。

最后，本书建立了银行间存款竞争与银行投资选择之间的关系。银行之间为了吸收存款而展开的竞争将加剧银行的投资风险；并且，银行竞争程度越激烈，其过度风险承担的问题越严重。即使不考虑银行的特许权价值，监管部门也无法通过银行资本要求以及存款利率上限规制有效地限制银行的投资风险。本部分首先给出社会最优情况下的银行风险承担水平，然后基于环形城市模型引入银行间竞争。对于银行存款竞争的环形城市模型，本部分证明了对称纳什均衡的存在性，并对均衡时银行的资产选择、存款利率决定以及银行资本比例加以刻画。本部分进一步比较了均衡时的风险承担水平同社会最优水平的大小，发现引入银行存款竞争将导致银行承担过度的风险。通过比较静态分析，本部分发现随着经济中银行数量的增多，银行所选择的资产风险水平也会随之提高；而银行交易成本的下降则有助于降低银行过度承担风险的水平。此外，监管部门可以通过提高银行资本要求部分地缓解银行过度承担风险的问题，但却无法使得银行的资产选择恢复到社会最优的水平。因此，监管部门还应考虑制定相关措施，以减少银行数量以及降低金融服务成本，从而可以进一步减轻银行部门的过度风险承担问题。

刘　航

2017 年 5 月

目 录

第1章　绪　　论

在后金融危机时代，人们愈发关注金融体系的风险问题。作为金融体系中至关重要的一环，银行部门的信用风险一直是学界和业界所关注的热点。影子银行（shadow banking）、系统风险（systemic risk）、期限错配（maturity mismatch）、大而不倒（too-big-to-fail）①，这些被认为是诱发金融危机的罪魁祸首，无一例外地同商业银行的信用风险有着极其紧密的联系。

本书以商业银行作为研究的主体，主要从四个不同的侧面讨论导致银行信用风险上升的原因：基于私人信号的存款者挤兑行为、投资者在资产市场的抛售行为、商业银行对其投资选择的有限承诺能力以及银行部门针对存款而展开的竞争。

1.1　研究背景与研究动机

导致金融系统脆弱性（fragility）上升的关键因素是银行部门信用风险的增高。在始于 2007 年美国次贷危机所导致的全球金融海啸中，宽松的信贷政策使得金融机构向许多信用水平很低的个人提供固定资产按揭贷款，并基于

---

① 戈顿和梅里克（Gorton and Metrick，2012）认为，以资产证券化和回购协议为特征的影子银行是造成美国次贷危机的关键诱因；海尔维格（Hellwig，2009）解释了次贷危机中的系统性因素如何将金融系统中的局部损失不断放大，逐步演变为席卷全球的金融海啸；马丁和思科（Martin and Skeie，2012）的文章说明了银行体系的期限错配问题如何引发投资者的挤兑行为；斯特恩和菲尔德曼（Stern and Feldman，2009）系统地说明了政府隐性担保如何导致金融机构大而不能倒的问题，并进一步指出该问题对实体经济所造成的影响。

这些贷款进行资产证券化，制造并持有大量的抵押贷款支持证券（mortgage-backed securities，MBS）。为了满足一些长期投资机构购买资产的评级要求，金融机构在证券化过程中力图降低其违约风险，以求最大化出售这些衍生证券所能够获得的收益。然而，从事后看来，这些衍生产品的违约风险远远高于评级机构所估算的水平。随着固定资产价格的下跌，贷款人出现违约的情况越来越普遍，而基于这些贷款所衍生出来的金融产品的价格也随之不断下降，金融机构所持有资产的市场价值严重缩水。这导致很多银行无法从诸如回购协议以及资产支持商业票据（asset-based commercial papers，ABCP）等短期借贷市场进行融资，市场流动性（market liquidity）和资金流动性（funding liquidity）同时消失，信用风险的急剧上升迫使这些银行进入破产清算程序。这些破产的银行中甚至包括雷曼兄弟（Lehman Brother）和贝尔斯登（Bear Sterns）等金融巨鳄。图1.1给出了美国次贷危机前后隔夜回购协议交易量的变化，从图1.1中我们不难发现，从2008年4月前后开始，危机逐渐开始成形，短期借贷市场的交易量也开始迅速萎缩。

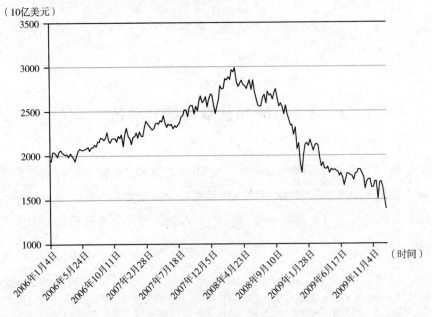

图1.1 2006～2009年美国主要交易商隔夜回购协议交易量

资料来源：根据美国联邦储备委员会（Federal Reserve Board）公布数据整理得到。

对于我国当前的金融系统，商业银行在资产总量和信贷规模等方面仍然占据着最为重要的位置，资金的供求双方在很大程度上依赖于作为金融中介的商业银行体系对资金加以集中并进行配置。与此同时，商业银行彼此之间的竞争也不断加剧。近年来，我国许多商业银行为了吸收更多的资金，同信托和券商合作，不断发行各种门类的理财产品。图 1.2 给出了 2004～2012 年商业银行发行理财产品的数量。从图中我们可以发现，最近几年理财产品一直以较高的速度增长，在 2012 年我国各商业银行发售理财产品达到了惊人的31550 款。

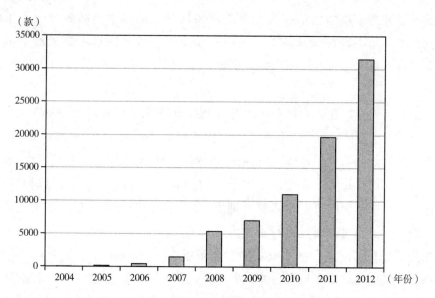

图 1.2　2004～2012 年我国商业银行理财产品发行数量

资料来源：根据 Wind 数据库整理得到。

由于这些理财产品大多属于银行的表外业务，监管部门无法对其进行有效的审查，因此也无法有效控制这些产品的风险。近几年来，很多商业银行的地方支行不断爆出理财产品的丑闻，例如，2012 年底的华夏银行嘉定支行、2013 年的中信银行黄河路支行以及工商银行蚌埠支行等等。这些丑闻的共同特征是商业银行支行的领导层私售风险极高的理财产品，并许以诱人的高额收益。但是，这些理财产品在审查、销售、托管等各个方面都存在着严重的缺陷，背后的资金链一旦发生断裂，投资者就将陷入血本无归的境地。

看到上述这些触目惊心的现象，我们不禁发问：究竟是什么原因导致金融系统如此脆弱？为什么商业银行选择投资高风险的资产而承担由此带来的一系列恶果？相关的监管部门应当如何制定有效的政策措施使得银行的行为更加谨慎，有效降低银行部门的信用风险，使得金融系统更加稳定？这些问题不仅具有重要的理论价值，而且也同当前的经济形势密切相关。

阿德马蒂和海尔维格（Admati and Hellwig，2013）深刻地指出，当前的金融体系存在着先天的脆弱性，而导致这种脆弱性的原因显而易见，但是，人们都仿佛在看着"皇帝的新衣"，不愿或者不敢把这些原因讲出来。阿德马蒂和海尔维格将造成金融系统脆弱性的关键因素归结为金融体系的高杠杆率，本书则在此基础上做出进一步探讨：给定银行主要依赖于举债的方式进行融资，那么，具体通过何种渠道，导致银行部门信用风险的加剧。

本书首先考察存款者挤兑风险与银行投资选择之间的相互关系。现代银行系统的一个重要特征和功能是进行期限的转换（maturity transformation），即银行通过诸如储蓄合同等短期债券进行融资，并将资金投资到长期资产中去。期限转换是银行作为金融中介至关重要的功能：一方面，存款者可以通过短期债券将手中空闲的资金投入到长期资产中，从而获得相对较高的收益；另一方面，企业也可以通过银行贷款为更多的长期项目进行融资，从而促进经济的长期增长。但是，正如戴蒙德和迪布维格（Diamond and Dybvig，1983）所指出的，期限转换会带来另外一个问题：资产与债务之间的期限错配（maturity mismatch）。当银行体系中出现严重的期限错配时，存款者便有可能提前取款，从而导致银行挤兑的发生。戈顿和梅里克（Gorton and Metrick，2012）指出，金融中介越来越多地依赖于诸如回购合同以及资产支持商业票据等短期债券进行融资，当债权人决定不再对其债务合同进行展期（rollover），这等价于债权人将资金从这些银行中提走，即所谓银行挤兑的"现代模式"。马丁、斯凯和赛登（Martin，Skeie and Thadden，2014）构建了一个动态模型，说明了以回购合同为代表的这种短期抵押借贷形式的债券对金融系统所带来的不稳定性。同现存的相关文献相比，本书则试图回答与之相关的另外一个重要问题：当存在存款者挤兑行为时，银行将如何选择投资的风险？或者说，存款者的挤兑风险如何影响银行部门的信用风险？

本书试图解释银行部门信用风险上升的第二个因素是资产市场上投资者的抛售行为（fire sales）。在最近的这次金融危机中，金融市场上的交易流动性（market liquidity）与金融机构的资金流动性（funding liquidity）之间的联动所造成的系统性风险（systemic risk）受到了广泛的关注（Brunnermeier and Pedersen，2009；Tirole，2011；Guerrieriand Shimer，2014），特别是包括商业银行在内投资者在资产市场上的抛售行为所导致金融机构资产负债表短期内急剧恶化，被迫去杠杆（deleverage）而引发信用风险（Shleifer and Vishny，2011）。本书基于"资产抛售—价格下降—去杠杆—信用风险上升"这一传导机制，分析一种名为"或有资本"（contingent capital，CoCo）的新型融资工具在稳定金融市场价格和降低金融机构信用风险方面的作用机制和实现条件。

本书所强调的导致信用风险上升的第三个原因是银行在做出投资选择时所面临的有限承诺能力。摩根（Morgan，2002）发现，同其他类型的企业相比，银行部门的资产负债表存在着相当的复杂性和模糊性，这一点在现实中的表现便是信用评级机构对银行部门的评级更容易出现意见分歧和评级差异。正是由于银行资产的复杂性和模糊性，使得包括监管部门和银行投资者在内的利益相关方都无法直接对银行的投资选择加以有效的限制，同时，银行也无法在同投资者签订合同时，对未来投资的项目作出有效的承诺。有限承诺能力同债务融资相联系，便导致了银行过度承担风险的问题。本书在一个存在流动性冲击的经济环境中，尝试建立银行有限承诺能力与风险承担之间的均衡关系，并进一步讨论银行所提供的存款合同所规定的长短期利率将受到怎样的影响，以及相关部门如何制定监管措施达到缓解过度风险承担的问题。

本书讨论导致银行信用风险升高的第四个角度放在银行之间的过度竞争。美国 20 世纪 80 年代中期开始的储蓄贷款危机（savings and loans crisis）导致了 3234 家储蓄贷款协会中的 747 家倒闭，为了挽救这次危机所付出的成本则高达 879 亿美元。造成这次危机的原因之一，便是储蓄贷款协会同货币市场共同基金之间对于储蓄存款的恶性竞争导致储蓄贷款协会投资风险过高的项目，最终引发了此次危机。艾伦和盖尔（Allen and Gale，2004）建立了静态模型讨论银行在存款市场上的过度竞争将导致银行投资风险过高的资产。本书则试图同时引入银行竞争、资本要求和风险承担三个要素，讨论银行之间的存款竞争与风险资产投资的均衡关系，并进一步探讨银行资本监管的有效性，以及限制银行过度竞争其他可行的措施。

1.2　研究思路与本书结构

本书从存款者挤兑、资产抛售、银行有限的承诺能力以及银行间存款竞争这四个层面讨论银行部门信用风险上升的原因。图1.3简要地描述了本书总体的研究思路。本书以商业银行作为研究对象，同时考虑银行资金的供给方——存款者，以及银行行为的规制方——监管部门，这三个主体构成了本书分析的重点。图1.3中体现了本书所关注的导致银行部门信用风险升高的四个因素。第一，本书关注存款者和银行之间的互动，这里重点考察存款者的挤兑行为对银行投资风险的影响；第二，本书基于投资者在资产市场的抛售行为，分析或有资本这种新型融资工具对于稳定资产价格、降低银行信用风险的作用机制；第三，本书考察银行对未来投资选择无法做出有效承诺的情形，讨论这种有限承诺能力将如何影响银行资产选择以及风险承担水平；第四，本书探讨银行间的存款竞争对于风险承担的影响。在这四个层面的分析中，本书首先构建在不同经济环境下，社会最优的资源配置；然后讨论当存在不同的经济摩擦时，经济的均衡配置状况，并与社会最优情形相对比；最后基于这些分析结果，讨论相关部门应该如何制定监管措施以改善经济均衡资源配置，以提高社会福利。如同图1.3所显示的，本书所关注的四种监管措施——存款保险、或有资本、存款利率期限结构规制以及限制银行过度竞争——分别对应于上述四个层面的分析。

本书的结构具体安排如下：

第2章对本书中涉及的四个方面文献加以综述。其一，回顾讨论银行风险投资与消费者挤兑行为（bank runs）之间关系的一系列文章，其中按照造成挤兑原因的不同将这部分文献分为三类：基于恐慌（panic-based）的挤兑现象、基于基本面（fundamental-based）的挤兑现象以及利用全局博弈（global game）的方法将前两个诱因综合考虑的挤兑现象。其二，综述同银行资本监管，特别是涉及或有资本的相关文献。其三，讨论银行有限承诺能力对银

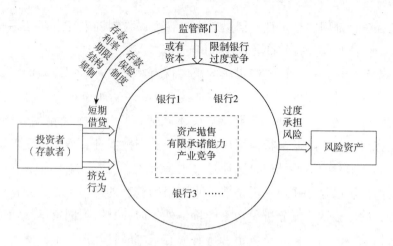

图 1.3　本书研究思路

行行为影响的相关文献。其四，综述银行竞争与风险承担的一系列文献，我们可以根据银行竞争对其风险承担影响的不同将这方面的理论文献分为两类：第一类文献认为银行竞争会加剧银行的风险承担水平；第二类文献则认为银行竞争并不必然导致银行承担过度的风险，甚至可以促使银行的投资行为更加谨慎。

　　第 3 章讨论造成银行因过度承担风险导致信用风险上升的第一个原因：基于私人信号的存款者挤兑行为。本章的主要结论是：当存在存款者挤兑风险时，银行所选择的投资风险水平将高于社会的最优水平。本章在戴蒙德和迪布维格（Diamond and Dybvig, 1983）提供的分析框架上，允许银行选择安全资产和风险资产的投资比例，并且运用全局博弈（global games）的方法，讨论银行投资风险和存款者挤兑概率之间的关系。在本章所设定的经济环境中，银行投资组合中风险资产的风险程度将取决于经济的基本面。银行存款者对其资金安全性的预期，也受到基本面的影响。银行对于投资组合的选择会改变发生银行挤兑的概率，亦即银行系统的脆弱性。为了抵消存款者提前取款的激励，银行必须许诺更高的长期消费水平。但是，实现这一许诺的唯一途径是投资更多的风险资产，由于此时银行投资组合的回报对经济基本面更为敏感，这将使得银行部门会变得更为脆弱。这一结果凸显了市场约束力的局限性：为银行提供资金的存款者彼此之间的协调失灵可能会加剧银行部门的风险承担水平。政府可以通过提供存款保险降低发生存款者挤兑的概率，从而增强银行部门的稳定性。但是，由于存款保险制度本身也存在着种种缺陷，反而可能加剧银行的过度风险承担问题。

第 4 章分析投资者在资产市场的抛售行为对于银行信用风险的影响，本章着重考察一种新型的融资工具——或有资本——对于银行部门以及整个金融系统稳定性的影响机理。具体而言，本章通过构建一个简单的多期模型，探讨或有资本对于降低银行信用风险、减少资产抛售量和增强市场稳定性的作用机制。本章的主要结论是：通过事先持有或有资本，银行能够有效地降低自身的信用风险，并在一定条件下减少银行资产的抛售量，达到稳定金融市场的目的。本章首先分析了当资产价格外生时，具有不同资本结构的银行发生信用风险的条件；以及当银行持有或有资本时，其选择不同资本补充方式（选择抛售资产还是触发或有资本转换）的条件。然后，通过引入资本市场将资产价格内生化，发现之前得到的主要结论仍然成立，验证了本章理论分析结果的稳健性。

在第 5 章中，我们关注的重点转向银行有限承诺能力对其投资风险的影响。在本章所讨论的经济环境中，存款者在未来将面临流动性的冲击。如果经济中不存在任何摩擦，并且银行可以对其资产选择做出可置信的承诺，那么银行便可以作为存款者有效的代理人，在不同消费偏好的存款者之间实现最优的风险分担。但是，如果银行无法向存款者做出有效的承诺，银行便偏好承担过度的风险。为了降低银行的这一激励，必须对银行所提供的储蓄合同加以扭曲，这将使得存款者之间的风险分担也随之扭曲，从而造成社会福利的下降。具体而言，在存在银行道德风险的情况下，同社会福利最大化的情形相比，均衡时的资源配置将发生严重的扭曲：储蓄合同中所规定的短期利率过低，长期利率过高，并且银行所选择长期资产的风险也将高于社会最优水平。但是，如果监管部门可以针对银行的利率期限结构加以有效的规制，那么，长期资产的风险水平可以恢复到社会最优的水平。

第 6 章试图说明：银行之间对于存款的竞争，将加剧其投资风险，并且，银行竞争程度越激烈，过度风险承担的问题越严重。即使不考虑银行的特许权价值（franchise value），监管部门也无法可以通过银行资本要求以及存款利率上限有效地限制银行的投资风险。因此，监管部门应该考虑通过限制银行数量等方式防止银行间的过度竞争，使得银行的投资选择更为谨慎。本章利用环形城市模型，引入银行部门对于存款的竞争。银行通过储蓄合同吸引消费者的存款，而消费者的存款决策则取决于银行所提供的存款利率，以及消费者办理相关业务所需要付出的交易成本（交通成本）。银行将获得的资金全部投资到风险资产中。针对存款的竞争将导致银行被迫提高存款利率。由于银行是通过债务合同（储蓄合同）进行融资，并且消费者以及监管部门无法直接观察到银行所选择的资产风险水平，存款利率的增加将导致银行选择风险水平更高，并且回报也更高的资产。因此，在对称均衡中，银行所选择资产的风险水平将高于社会最优的风险水平。并且，随着经济中银行数目的增多，资产的均衡风险水平也会随之不断上升。

为了缓解银行过度风险承担问题，监管部门可以要求银行发行股票形成一定比例的自有资本，并且银行资本持有水平同银行吸收的存款成正比。随着监管部门所规定的最低资本要求的上升，银行所选择的资产风险水平也会随之下降，从而部分地抑制银行过度承担风险的动机。但是，监管部门无法通过资本要求和利率上限规制使得银行选择社会最优的资产风险。因此，监管部门还应该考虑对银行的数量加以控制并降低金融服务成本，从而缓解银行间的过度竞争。

第 7 章是对本书所有结果的梳理和总结，并且指出了进一步研究的可能方向。

第 2 章　文献综述

本章将对本书所涉及的四组文献加以综述。其一，回顾讨论银行风险投资与消费者挤兑行为（bank runs）之间关系的一系列文章，其中按照造成挤兑原因的不同将这部分文献分为三类：基于恐慌（panic-based）的挤兑现象、基于基本面（fundamental-based）的挤兑现象以及利用全局博弈（global games）的方法将前两个诱因综合考虑的挤兑现象。其二，综述关于银行资本监管，特别是或有资本这一新型融资工具如何影响银行行为的相关文献。其三，讨论银行有限承诺能力对银行行为影响的相关文献。其四，回顾银行竞争对风险承担的影响，我们可以根据银行竞争对其风险承担影响的正负关系将这方面的理论文献分为两类：第一类文献认为银行竞争会导致银行承担过度的风险；第二类文献则认为银行竞争并不必然导致银行过度的风险承担，甚至可以促使银行的行为更加谨慎[①]。

2.1　银行投资风险与消费者挤兑

2.1.1　基于恐慌的挤兑现象

最早针对银行挤兑现象进行理论解释的文章是布莱恩特（Bryant，1980）以及戴蒙德和迪布维格（简称"DD"）（Diamond and Dybvig，1983），其中尤

---

① 国内关于金融中介较具代表性的综述文章，请参见黄张凯（2006）。

以后者所设定的理论框架对后续文献发展产生了深远的影响。本节所回顾的文章大都以 DD 模型作为分析的基准，在此之上根据经济的现实情况，引入不同的摩擦和相应的经济元素，将 DD 模型的经济含义加以引申和拓展。因此，我们首先将较为详细地介绍 DD 模型。

在 DD 的分析框架中，银行所扮演角色是进行期限转化（maturity transformation），即所谓的"借短贷长"：银行利用短期债券（储蓄合同）借入资金，并将之投到长期资产中。这里的"期限错配"（maturity mismatch）问题既为银行的存在提供了依据，同时也为挤兑现象的发生埋下了隐患。除此之外，DD 模型还引入了另外两个关键的制度与环境因素：序贯服务（sequential service）约束以及流动性冲击（liquidity shock）。前者意味着银行必须为前来提款的消费者按先后次序依照合同的规定予以给付，直至银行的资金全部耗尽；后者则假设消费者之间存在着跨期消费偏好的差异，这种差异会在未来得以体现，从事前（ex-ante）来看，消费者是同质的，并且这种跨期消费异质性是消费者的私有信息，这意味着银行同消费者在事前无法根据事后（ex-post）实现的消费偏好签订储蓄合同。基于存款者心理恐慌的银行挤兑理论认为，上述的三大因素是导致银行脆弱性（fragility）的关键诱因，同时也是 DD 模型的重要基石。

在 DD 模型所设定的经济环境中，用以投资的禀赋（资金）全部在数量众多的消费者手中。这些消费者的事前预期效用相同，但是，随着时间的推移，其中的一部分消费者由于受到流动性冲击，必须提前取款用来消费（我们将之称为"不耐心消费者"）；而其他未受到冲击的消费者则可以选择延迟消费（类似，将之称为"耐心消费者"）。DD 模型假设资产的长期收益是确定的，并且高于将其提前清算的价值。如果消费者不经由银行而直接投资于长期资产，一旦其受到流动性冲击，提前消费量仅为资产的清算价值。这就为银行作为金融中介在消费者和长期资产之间协调资源配置提供了空间。此外，由于银行事后无法直接观察到消费者的消费类型，其提供的储蓄合同必须满足激励相容约束，即某一类偏好的消费者没有动机选择另一类消费者的储蓄合同中所规定的消费计划。

DD 模型假设银行所处的产业环境是竞争性的，因而银行所提供的储蓄合同必须最大化消费者的事前效用。DD 模型证明，此时均衡的储蓄合同中为不耐心消费者所提供的消费量，会高于资产清算值（即受到流动性冲击的消费者在自给自足时的消费量），这意味着银行为消费者提供了所谓的"流动性保险"（liquidity insurance），使得不耐心消费者也可以部分地享受到长期资产的高收益。更为重要的是，均衡的储蓄合同所规定的消费计划同社会最优的资源配置相同，这一结果实际上为银行这一经济主体的存在提供了强有力的依据。但是同时，均衡的储蓄合同还可能导致另一个不好的均衡，即银行挤兑的均衡。其原因是，由于银行受到序贯服务约束，并且提前取款的消费量高于资产清算价值，这意味着，如果所有的消费者都预期其他消费者提前取款，那么，无论消费者的实际消费偏好类型为何，他们都将选择提前取款。我们可以用图 2.1 说明 DD 模型的多重均衡问题。

		耐心消费者 i	
		提前取款	延迟取款
其他耐心消费者	提前取款	$p \cdot u(r)$	$u(0)$
	延迟取款	$u(r)$	$u(R)$

图 2.1　银行挤兑博弈

在图 2.1 的矩阵中，由于不耐心消费者一定会提前取款，因此，我们只考察耐心消费者的取款决策。其中，r 和 R 分别表示均衡的储蓄合同为提前取款和延期取款的消费者所提供的消费数量，$u(\cdot)$ 为消费者的效用函数。注意到，由于 r 高于资产提前清算的价值，如果所有耐心消费者全部选择提前取款，即使银行清算全部资产也不足以满足所有人的取款需求。此时，消费者是否可以得到支付 r 取决于其在取款队伍中的位置，我们将消费者排队靠前、可以获得支付 r 的概率记为 p，那么，提前取款的预期效用为 $p \cdot u(r)$。很明显，由于 $p \cdot u(r) > u(0)$、$u(R) > u(r)$，因此，如果其他耐心消费者选择延迟取款，消费者 i 也会选择延迟取款，此均衡结果即为社会最优的资源配置；然而，当其他耐心消费者选择提前取款时，消费者 i 也会选择提前取款，此均衡即为发生银行挤兑的均衡。于是，在 DD 模型框架下，导致不同均衡的关键因素是消费者信念的变动，这也是将之称为基于恐慌的银行挤兑理论的原因。

DD 模型通过引入暂停兑换条款（suspension of convertibility）以及存款保险（deposit insurance）证明，均衡的储蓄合同在这两种情况下均可以保证不会发生挤兑均衡，从而能够唯一地实施社会最优的资源配置。但是，这实际上意味着序贯服务约束在 DD 模型中并没有起到作用，银行也没有充分利用提前取款消费者数量的信息判断银行挤兑发生与否。格林和林平（Green and Lin，2003）通过引入有限数量的消费者，使得流动性冲击存在着总量风险（aggregate risk），从而可以讨论序贯服务约束对于均衡储蓄合同的影响，并且证明，事前有效配置可以通过直接显示原理（direct mechanism）加以实施，此时，"讲实话"（truth-telling）将是每位消费者的严格占优策略。恩尼斯和凯斯特（Ennis and Keister，2009）则在格林和林平（Green and Lin，2003）的基础上，将消费者类型的分布进一步一般化，说明在一些情况下，银行并不能唯一地实施有效的资源配置，同时在均衡中仍然会出现挤兑现象。

需要指出的是，DD 模型的多重均衡问题导致了该模型逻辑上的不自洽。如果消费者在同银行签订存款合同时，已经预期到银行挤兑将会发生，那么，消费者一开始时便不会将禀赋存入银行。因此，基于理性预期的挤兑现象便不会发生。为了调和这种不一致性，文献上提出了两种不同的均衡观念。其一，在模型中引入外生的随机变量，该变量决定着消费者信念的变化，即"太阳黑子（sunspot）"均衡。采用这一均衡观念的代表性文章为库珀和罗斯（Copper and Ross，1998），以及派克和希尔（Peck and Shell，2003）。我们下面会简要地对这两篇文章加以回顾。其二，通过引入经济基本面的随机性，从而能够利用全局博弈的均衡观念将银行挤兑的多重均衡加以"精炼"（refinement）：何种均衡会最终出现将取决于经济基本面的实现值。采用该方法的代表性文献为戈德斯坦和鲍兹内（Goldstein and Pauzner，2005）、莫里斯和信玄宋（Morris and Shin，2000）以及黄皮栋（Huang，2011）。我们将把这三篇文章放到本节中的第三小节加以回顾。

为了得到"太阳黑子"均衡，库珀和罗斯（Cooper and Ross，1998）对 DD 的原始模型作了两处改动：第一，引入了长期资产的清算成本；第二，引入外生随机变量以决定不同均衡发生的概率。前一处的变动使得长期资产不会绝对占优于短期资产，从而可以讨论银行的最优投资决策；后一处变动则让我们能够进一步讨论银行最优的储蓄合同和投资决策如何随着挤兑均衡发生概率的变化而改变。库珀和罗斯证明当挤兑发生概率较低时，银行所提供的储蓄合同将会允许挤兑均衡的出现；此时，银行所持有的短期资产量刚好满足不耐心消费者的取款金额（Ennis and Keister，2006）。派克和希尔（Peck and Shell, 2003）则基于格林和林平（Green and Lin, 2003）的框架，利用太阳黑子均衡观念，通过一个两位消费者的例子说明，即使在最优的储蓄合同下，挤兑均衡仍然存在。

2.1.2　基于基本面的挤兑现象

戈顿（Gorton, 1988）的文章为银行挤兑并非单纯的随机现象提供了有力的证据。戈顿利用 1865~1914 年的美国国家银行时期（National Banking Era）的历史数据，对基于恐慌的挤兑现象和基于经济周期的挤兑现象加以区别。戈顿发现，当经济陷入衰退，并且严重程度超过某个阈值时，存款者便会出现恐慌，从而使得挤兑现象更有可能发生。也就是说，经济周期的变化对银行恐慌的发生具有解释力。凯罗米里斯和戈顿（Calomiris and Gorton, 1991）考察同一时期更为全面的证据，并得出结论，数据并不支持银行恐慌为随机现象的假说。但是，如果试图用经济基本面的变化解释银行挤兑现象，资产的长期收益便不能假设为没有任何风险的确定值。察瑞和贾甘纳坦（Chari and Jagannathan, 1988）便将长期资产收益设定为随机变量，并通过假设一部分消费者可以收到关于长期资产收益的信息，而其他消费者则可以通过观察到银行取款的人数推断资产的长期收益，使得银行挤兑成为一种均衡现象。

艾伦和盖尔（Allen and Gale, 1998）进一步说明，当消费者能够精准估算资产的长期收益时，允许银行挤兑的发生反而可以帮助实现社会最优的资源配置。该结果背后的经济直观很简单：如果消费者可以完全准确地观测到资产的长期收益，那么，在最优的储蓄合同下，只有当资产长期收益低于提前清算价值时，耐心消费者才会选择提前取款，因此这种挤兑现象是有效率的。这就是所谓的"最优的金融危机"。但是，得到该结果需要很强的假设条件，特别地，如果长期资产存在着清算成本，那么，银行挤兑的均衡资源配置便不再是社会最优的。

2.1.3　银行挤兑的全局博弈均衡

卡尔森和范达姆（Carlsson and Damme, 1993）首先给出了全局博弈的分析框架。该框架的主要特征是，经济中的基本面（fundamentals）存在着不确定性，该基本面决定着参与人的支付（payoffs）。每位参与人在进行策略选择之前，可以收到关于经济基本面最终实现值的私人信号，该信号存在一定的噪音（noise）。从而，参与人将根据其收到的信号以及对其他参与人行为的信念决定自己的策略。卡尔森和范达姆证明，利用全局博弈的分析方法，可以在一定条件下将纳什均衡中的某些多重均衡重构为唯一的阈值均衡。在这一均衡中，参与人将使用阈值转换策略（threshold switching strategy）：当私人信号高于某个阈值时，参与人将唯一地采用一种策略；而当私人信号低于某一阈值时，参与人则会采取另一种策略。

莫里斯和信玄宋（Morris and Shin，1998）利用该框架分析了国际金融中的外汇攻击问题。莫里斯和信玄宋（Morris and Shin，2000）将全局博弈运用在 DD 模型的分析上，并且得到了唯一均衡的结果。但是，莫里斯和信玄宋（Morris and Shin，2000）在处理银行行为方面比较机械化，并且没有给出均衡时的储蓄合同，从而也无法讨论挤兑风险与储蓄合同之间的相互影响。

戈德斯坦和鲍兹内（Goldstein and Pauzner，2005）则在全局博弈的分析框架下，对银行挤兑均衡给出了相对全面的刻画。在这一模型中，经济基本面唯一地决定均衡结果，并且可以据此计算出发生银行挤兑的概率。此时，均衡的储蓄合同能否增进社会福利将取决于流动性保险的收益和银行挤兑的成本两者的权衡。作者证明，在一定的条件下，通过流动性保险所获的风险分担收益将高于银行挤兑所带来的成本。因此，同自给自足下的资源配置相比，存在银行提供储蓄合同的均衡将带来更高的社会福利。另外，在理论上，卡尔森和范达姆（Carlsson and Damme，1993）和莫里斯和信玄宋（Morris and Shin，1998，2000）的均衡唯一性需要"全局策略互补性"（global strategic complementarities）的假设；而戈德斯坦和鲍兹内则证明，在银行挤兑的特殊环境下，仅需要"单边策略互补性"（one-side strategic complementarities）便可以保证均衡的唯一性。

此外，黄皮栋（Huang，2011）同样在 DD 模型中运用全局博弈的方法研究银行挤兑现象。与戈德斯坦和鲍兹内（Goldstein and Pauzner，2005）不同，黄皮栋通过引入暂停兑换条款，可以进一步放松戈德斯坦和鲍兹内框架中证明均衡存在性和唯一性的假设，并且说明：当资产回报的不确定性足够小时，均衡时的社会福利接近于 DD 模型中最优资源配置下的福利水平。

除了上面提到文章之外，还有其他一系列文章运用 DD 模型解释：银行的道德风险问题（Chen，1999；Andolfatto and Nosal，2008）、监管部门的最优政策设计问题（Ennis and Keister，2010，2011；Ennis，2016），以及针对 DD 模型所设计的经济实验（Garratt and Keister，2005；Madies，2006；Klos and Sträter，2010，2013；Arifovic，Jiang and Xu，2013；Schotter and Yorulmazer，2009）。

最后，恩尼斯和凯斯特（Ennis and Keister，2010）同样对利用 DD 模型刻画挤兑现象的相关文献进行了综述，但是这篇文章主要回顾了基于恐慌的挤兑现象一系列文章，而没有涉及基于基本面以及利用全局博弈刻画银行挤兑的相关文献。

2.2　银行资本监管与或有资本

2.2.1　银行资本监管

政府监管部门对银行资本比例加以限制的主要目的在于控制银行的投资风险。这方面最为经典的文献当属海尔曼、默多克和斯蒂格里斯（Hellman，Murdock and Stiglitz，2000）。在这篇文章中，作者通过构建一个阶段博弈（stage game）模型重点讨论了监管部门制定的最低资本要求的两个效应：一方面，银行的投资行为会更为谨慎；另一方面，银行的特许权价值会因此受损，从而使得银行的信用风险上升。作者最后得出结论：单一的资本要求并不足以保证银行选择低风险资产，还需要设定利率上限以限制银行间的竞争才能保证银行审慎的投资选择。瑞普洛（Repullo，2004）基于海尔曼、默多克和斯蒂格里斯（Hellmann，Murdock and Stiglitz，2000）的理论框架，利用环形城市模型将储蓄需求函数形式化，从而能够更精确地刻画资本要求对于银行行为的影响。贝桑科和堪塔斯（Besanko and Kanatas，1996）同时考虑了银行进行投资选择的道德风险问题以及对投资所付出监督努力的道德风险问题，指出提高资本要求可能迫使银行降低监督的努力水平，从而导致更为严重的信用风险问题。

阿德马蒂等（Admati et al.，2013）针对学界和业界普遍持有的"银行股权融资的成本高于债券融资"的观点予以抨击。在这篇文章中，作者列举了认为银行股本昂贵的种种观点，并一一加以驳斥，最终得出结论：至少从整体经济的角度上讲，银行的股权融资并不会像人们想象的那样带来巨大的成本，因此银行资本结构中的高杠杆率也是完全没有必要的。监管部门应该对银行要求远高于现行水平的最低资本比率。阿德马蒂等（Admati et al.，2012）的研究将视角进一步集中在金融机构的债务挤压（debt overhang）问题，并据此进一步强调了资本监管的重要性。

戴蒙德和拉詹在 2000 年前后针对银行资本监管对其作为信贷提供方的道德风险问题撰写了一系列有影响的论文。例如，戴蒙德和拉詹（Diamond and Rajan，2001）为银行为何通过诸如储蓄合同的短期债务方式融资提供了解释：这将限制银行向企业抽取过度的租金，从而使得银行能够创造出更多的流动性。戴蒙德和拉詹（Diamond and Rajan，2000）基于这篇文章的结果进一步为银行资本存在的必要性提出了解释。短期债务合同能够约束银行的行为，而银行资本则令银行能够在经济出现衰退时同提供资金的各方共同谈判以求渡过难关。该结果意味着，当投资项目的流动性增加时，银行的道德风险问题也更为严重，那么，银行的杠杆率也应该随之提升，从而能够对银行的行为提供更强约束力。

此外，关于资本监管对于银行行为影响的文献综述，可以参考桑托斯（Santos，2001）以及范胡思（Van Hoose，2007，2010）的相关研究。

2.2.2　或有资本

关于或有资本的文献大多关注于或有资本的定价问题。这部分文献将莫顿（Merton，1974）、利兰（Leland，1994）以及利兰和托夫特（Leland and Toft，1996）所构建的连续时间理论框架应用在对于银行资本结构的动态演变。在这类文献中，比较具有代表性的是彭纳基（Pennacchi，2011）的研究。作者将银行资产的收益刻画为跳跃——扩散过程（jump-diffusion process），并且允许无风险利率为随机过程，得到如下结果：或有资本的信用差价（credit spread）与其转换阈值负相关，同时与或有资本持有者变为银行股东后所付出的损失正相关；同或有资本转换为可变新股数量相比，转换为固定新股数量将使得或有资本的信用差价下降；双价格触发机制将使得或有资本同一般的次级债券（subordinated debt）更为相近；同次级债券相比，银行发行或有资本将减弱其风险转移（risk-shifting）的动机，并且可以降低债务挤压问题对银行的负面影响；当或有资本的相关合同条款最小化其违约风险时，道德风险问题和债务挤压问题给银行带来的负面激励也随之最小化，这使得银行的股票持有者接近于对银行承担无限责任。

麦克唐纳（McDonald，2011）、希默尔伯格、萨克斯和采波拉科夫（Himmelberg, Sachs and Tsyplakov，2014）以及格拉瑟曼和努里（Glasserman and Nouri，2012）也采用了类似的框架分析了或有资本的相关合同条款对于其价格以及银行资本结构的影响。

博尔顿和萨玛马（Bolton and Samama，2012）提出了一种新形式的或有资本："资本获取债券"（capital access bonds）。这种融资工具为银行选择获得资本的时点提供了更大的自由度。作者认为，这一形式的或有资本将在投资者的投资偏好、银行自身的约束以及监管者的相关规制目标之间实现更好的平衡。

普雷斯科特（Prescott，2012）通过构建一个简单的静态模型试图论证，如果或有资本的触发机制取决于银行股票的市场价格，这将造成多重均衡的问题，使得银行和投资者无法对或有资本进行有效定价，或有资本也就很难在现实中加以应用。该问题产生的原因在于，或有资本的转换将影响银行的股价，而银行股价的变化又会进一步影响或有资本转换的触发机制，两者之间的交互作用便带来了多重均衡的可能性。据此，作者认为监管部门应该采用基于会计资料的触发机制，以避免上述困境。

曾静（Zeng，2011）采用最优证券设计（security design）的方法讨论银行资本结构的问题，使得或有资本内生地出现在银行的最优资本结构中。在该文中，作者同时考虑了银行的银行风险转移动机以及市场的逆向选择问题。通过公开发行股票，银行的资本结构中存在或有资本可以提高经济效益，进而在经济出现下行时，提升经济基本面的价值。

凯罗米里斯和赫林（Calomiris and Herring，2011）对或有资本的相关问题进行了全面讨论，并对实践中如何设计或有资本的相关条款提出了建议。在该文的最后，作者对相关文献加以整理，并给出了一张列表，可以作为本小节综述内容的参考材料。

2.3　有限承诺能力与过度风险承担

银行在资金的融通方面拥有经济中其他参与主体所不具备的专业技能，因而可以作为资本流通的中介，改善资源配置的效率。这样的专业技能对于银行来说却是一把"双刃剑"：一方面，银行因此拥有了作为金融中介的比较优势；另一方面，这种专业技能却使得银行的资产负债表具有相当的复杂性和模糊性，导致其他经济主体（甚至包括银行自身）无法对银行资产和负债的价值做出准确的评估。因此，当银行向投资者发债融资时，银行无法对其资产结构和债务结构做出有效的承诺，从而导致银行承担过度的风险。

詹森和梅克林（Jensen and Meckling, 1976）的文章可以视为对这一问题的较早回应。詹森和梅克林认为，包括管理层、债权持有人和股权持有人在内的同企业利益相关的各个主体之间存在着"代理成本"（agency cost），这将导致企业的投资决策出现偏差。具体而言，对于拥有较多负债的企业来说，由于受到有限责任（limited liability）制度的保护，公司将倾向于投资风险更高的项目，即所谓的"风险转移假说"（risk-shifting hypothesis）。由于银行的功能在于资金的汇集和发放，因此，高杠杆率便成为现代银行部门的普遍特征，过度风险承担问题在银行部门也变得更为重要。

波韦尔和雷斯（Povel and Raith, 2004）在委托—代理（principal-agent）框架下考虑如何最优地设计借贷合同以解决风险承担问题。在这篇文章中，投资者无法直接观测到企业所选择项目的初始投资水平和风险水平，因而也无法将其写入合同条款中。尽管债务合同会促使企业选择风险更高的资产，但是同时也赋予投资人提前清算项目的权利。波韦尔和雷斯证明，最优的合同仍然是债务合同，投资人将最优选择的项目清算概率以激励企业选择风险水平适中的项目。

布伦纳迈尔和奥姆克（Brunnermeier and Oehmke, 2013）认为，由于银行无法对自身债务期限结构做出有效的承诺，这将使得银行使用过多的短期债务，从而导致多度的债务展期（roll-over）风险。在这篇文章设定的经济环境中，银行需要向多个投资人通过债务合同融资，并将资金投资到长期资产中。由于银行无法事先对其债务结构（长期债券和短期债券的比例）向债务人做出可置信的承诺，这使得短期债券持有人比长期债务人更具优势：当经济出现下行，银行信用风险上升时，短期债券持有人可以选择不对债务进行展期而提前取款，或者选择债务展期但提高债券的面值（face value）。由于长期资产存在着清算成本，这导致在上述的两种情况下，长期债权人的债券价值都会受到"稀释"（dilution），使其利益受损。因此，当经济达到均衡时，所有债权人都将选择短期融资，这使得银行承担非常高的展期风险，从而导致银行部门的脆弱性。

2.4　银行竞争与过度风险承担

在本节中，我们将回顾银行竞争与风险承担的相关文献。根据银行竞争对其风险承担影响的正负关系，这方面的理论文献可以分为两类：第一类文献认为银行竞争会导致银行承担过度的风险；第二类文献则认为银行竞争并不必然导致银行过度的风险承担，甚至可以促使银行的行为更加谨慎。导致这两类文献不同结果的原因在于银行能否完全控制其所投资资产的风险。

2.4.1　银行竞争导致过度风险承担

这部分文献的基本出发点是银行间竞争的加剧会导致银行特许权价值（charter value）的下降，或者导致银行所有者和管理者所能得到的收益下降。这使得银行有激励选择风险更高的资产，从而可以获得更高的期望回报。

艾伦和盖尔（Allen and Gale，2004）构建了一个简单的静态模型讨论银行竞争如何加剧过度风险承担问题。在这篇文章中，作者考虑了 n 家银行在储蓄市场上展开古诺竞争，假设资产的回报服从二项分布：以 $p(R)$ 的概率获得高回报 R，以 $1-p(R)$ 的概率获得零回报。因此，银行的策略变量是资产回报 R，以及存款数量。此时，银行间的竞争将导致存款利率提升，从而使得银行有激励选择的高风险资产。随着银行数量的增加，银行之间的竞争也愈发激烈，银行所选择的资产风险也会随之不断提高。当 n 趋于无穷时，均衡下的存贷款利差将趋于零，而资产获得高回报的概率 $p(R)$ 也将趋近于零。

在第 2.2.1 节提到的海尔曼、默多克和斯蒂格里斯（Hellmann，Murdock and Stiglitz，2000）同样涉及银行竞争所导致的过度风险承担的问题：通过构建无限期界阶段博弈模型，分析银行间不完全竞争对银行部门风险承担的影响，以及监管部门所规定的资本要求下限的有效性。这篇论文主要论证了单一银行资本要求的无效性，即仅通过银行资本要求并不足以保证银行承担适当的风险，还需配以利率上限规制以限制银行间的竞争。

贝赞可和撒克（Besanko and Thakor，1993）在关系型信贷（relationship lending）的框架下考虑银行竞争对风险承担的影响。由于银行可以获得借款者的私人信息，这使得银行可以从中获得信息租金。只要这部分租金足够大，银行便会主动控制投资风险以更好地维持这种关系型信贷。但是，当银行部门的竞争加剧时，银行所能够获得的信息租金也会随之下降，从而加重过度风险承担的问题。

布特和戈林鲍姆（Boot and Greenbaum，1993）则假设银行可以通过信贷获得信誉（reputation）收益，因而可以通过对借款者的有效监督提高该收益。银行竞争对信誉收益存在着负面影响，当竞争加剧时，银行的投资风险也会随之上升。

2.4.2　银行竞争未必导致过度风险承担

在上小节中，我们可以得到银行竞争与风险承担之间存在着正向关系，即银行竞争的激烈程度上升会加剧过度风险承担问题。得到这一结果需要一个非常重要的假设，即银行能够完全控制其信贷资产的风险水平。但是，如果借款者的行为也会影响资产的风险，那么，银行竞争与风险承担之间的正向关系就会变得不那么稳健。

卡敏诺和马图特斯（Caminal and Matutes，2002）讨论银行在信贷市场所进行的竞争。由于借款者存在道德风险问题，因此，银行无法完全控制资产的风险。但是，银行可以通过监督（monitoring）或者信贷配给（credit rationing）两种方式以应对借款人可能将资金投入到高风险项目的问题。对于银行来说，监督和信贷配给各有利弊：前者需要耗费一定资源；后者则降低了信贷交易可以得到的预期收益。如果银行事后不加以监督，那么事前的信贷规模必须加以控制，以增加信贷资金的边际回报率，并促使借款者选择风险相对较低的资产。信贷市场竞争的激烈程度会影响银行的利润水平，从而也将决定银行最终选择控制贷款者的道德风险问题，还是选择通过信贷配给以降低项目的风险水平。垄断性的银行会更多地选择事后监督，而较少选择信贷配置。这意味着垄断性银行比竞争性银行发放更多的贷款，但也将导致借款者更高的违约概率。因此，市场竞争和信贷风险之间的关系是不明确的。

博伊德、德尼克罗和史密斯（Boyd, De Nicoló and Smith, 2004）基于艾伦和盖尔（Allen and Gale, 2004）的模型讨论银行在信贷市场的竞争，得到的结论刚好与之相反：银行竞争会降低风险承担水平。这一结果的经济直觉如下：银行为了吸引厂商借贷，会降低贷款利率，这使得厂商的利润上升，从而抑制了厂商选择风险过高项目的动机。

第 3 章　基于私人信号的挤兑
行为与银行投资风险

3.1　导　言

引发金融危机的一个关键因素是银行部门吸收了过度的风险。在最近的这次美国次贷危机中，金融中介将大量资金投入到同房屋抵押贷款相关的证券。从事后来看，这些抵押贷款支持证券（mortgage-backed securities，MBS）同其他相同评级的债券（例如，公司债券）相比，其风险性要大出许多。此外，这些证券对于经济基本面的变化非常敏感。随着房屋价格不断下跌，通过按揭购房的房屋拥有者开始不再支付贷款利息。对于那些抵押贷款相关的证券占据总资产份额较高的银行，其债权人决定不再对其债务合同（如回购合同）进行展期，这等价于债权人将资金从这些银行中提走，即所谓银行挤兑的"现代模式"。于是，这些银行赖以生存的流动性会突然消失，迫使他们进入破产程序，或者被其他金融中介收购。这次金融海啸对诸如贝尔斯登（Bear Sterns）和雷曼兄弟（Lehman Brothers）等几乎所有的大型金融机构都造成了致命的冲击，并且对全球经济走势以及金融监管措施的制定产生了深远的影响。

基于上述这些事实，本章试图回答以下的问题：为什么银行在其投资组合中放入如此大量的高风险资产？以及，银行的这种高风险投资组合选择同整个银行部门的稳定性之间会产生怎样的相互影响？

本章在戴蒙德和迪布维格（Diamond and Dybvig，1983）提供的分析框架上，允许银行选择安全资产和风险资产的投资比例，并且运用全局博弈

(global games)的方法，讨论银行投资风险和存款者挤兑概率之间的关系。本章试图论证：当存在存款者挤兑风险时，银行所选择的投资风险水平将高于社会的最优水平。

在本章所设定的经济环境中，银行投资组合中风险资产的风险程度将取决于经济的基本面。同时，作为银行债权人的存款者对其资金安全性的预期，也受到基本面的影响。银行对于投资组合的选择会改变发生银行挤兑的事前（ex-ante）概率，以及银行体系事后（ex-post）的脆弱性（fragility）。如果存款者愿意将资金借给银行，那么储蓄合同必须提供"流动性保险"（liquidity insurance），即为提前取款的存款者所支付的消费量高于其自给自足（autarky）情况下的消费量。但是，银行对提前消费水平设定得越高，对耐心存款者选择提前取款的激励就越大。为了抵消这一负向效应，银行必须为耐心存款者许诺更高的消费水平。然而，实现这一许诺的唯一途径是投资更多的风险资产。因为在期望的意义上，同无风险资产相比，风险资产会在最后一期实现更高的回报。因此，如果存款者收到关于经济基本面的私人信号几乎完全精确，并且在进行资产清算时，银行首先清算安全资产，那么，我们可以证明，风险资产的均衡投资水平将高于社会最优的投资水平。并且，在事后的意义上，经济会变得更为脆弱，因为银行投资组合的回报对经济基本面更为敏感。

利用全局博弈的方法讨论银行挤兑问题的相关文献主要有如下三篇。莫里斯和信玄宋（Morris and Shin，2000）假设风险资产的未来回报以及关于经济状态的私人信号均服从正态分布，从而可以利用全局博弈的方法将博弈的均衡重构为唯一的阈值均衡。但是，在莫里斯和信玄宋的框架下，无法进一步讨论最优的储蓄合同设计问题，因而也无法证明银行可以通过期限转换提高社会福利。戈德斯坦和鲍兹内（Goldstein and Pauzner，2005）的分析框架同本章最为相近，作者假设风险资产的回报和私人信号均服从均匀分布，并且在单边策略互补性的条件下证明了全局博弈均衡的存在性。更为重要的是，在这篇文章中，作者可以进一步讨论银行的融资决策问题，即银行所选择的均衡储蓄合同的相关性质。最后，黄皮栋（Huang，2011）在戈德斯坦和鲍兹内的框架下，讨论政府的暂停兑换（suspension of convertibility）最优政策设计问题，并且证明，当资产回报的不确定性足够小时，政府可以通过暂停兑换政策使得福利水平接近于社会最优的水平。但是，上述三篇文章都没有涉及本章所关注的问题，即发生存款者挤兑行为的可能性将如何影响银行的投资风险。

3.2 模型设定

3.2.1 经济环境

我们在戴蒙德和迪布维格（Diamond and Dybvig, 1983）的分析框架上，引入风险资产，并允许银行选择其投资组合。在本章讨论的环境中，经济将运行 3 期：第 0、第 1、第 2 期。在第 0 期，单位为 1 并且为连续统的存款者进入经济。每位存款者在第 0 期拥有 1 单位禀赋，在第 1、第 2 期则没有任何禀赋。初始时刻，所有的存款者都是同质的。在第 1 期期初，每位存款者将获得关于其偏好的信息：以 λ 的概率，该存款者变为不耐心的存款者，仅愿意在第 1 期消费；以 $1-\lambda$ 的概率，该存款者变为耐心的存款者，仅愿意在第 2 期消费。根据大数定理，在第 1 期期初，整体经济中不耐心存款者的比例为 λ，而耐心存款者的比例则为 $1-\lambda$。假设只有存款者自己知道其消费的类型，即耐心或者不耐心。我们用 $u(c)$ 表示存款者的即期效用函数，并且假设该效用函数连续并二次可导，对消费水平 c 单调递增，以及 $u(0)=0$。对于任意的 $c \geqslant 1$，其相对风险厌恶系数，$-\dfrac{c \cdot u''(c)}{u'(c)}$，大于 1。因此，对于代表性（representative）存款者 i 来说，其效用函数为：$u_i(c_1, c_2) = \lambda \cdot u(c_1) + (1-\lambda) \cdot u(c_2)$，其中 c_1 表示第 1 期的消费水平，c_2 表示第 2 期的消费水平。

在第 0 期，经济中存在两类资产可供银行部门进行投资。如果在第 0 期投资 1 单位安全资产（无风险资产），那么，如果在第 t 期未被清算，该安全资产在第 $t+1$ 期的回报为 1 单位的消费量，其中 $t=0$ 或者 1。因此，我们可以用如下形式表示安全资产：

第 0 期	第 1 期	第 2 期
-1	$\begin{cases} 1 \\ 0 \end{cases}$	$\begin{matrix} 0 \\ 1 \end{matrix}$

对于风险资产来说，如果第 0 期投资 1 单位，那么在第 1 期将其清算后所产生的消费量也为 1。但如果在第 2 期将该风险资产加以清算，其产生的消费量则为 $\tilde{R}$ 单位，其中 $\tilde{R}$ 为随机变量：以 $p(\theta)$ 的概率，$\tilde{R}$ 等于 $R(R>1)$；以 $1-p(\theta)$ 的概率，$\tilde{R}$ 等于 0。因此，我们可以用如下形式表示风险资产：

$$
\begin{array}{ccc}
\text{第 0 期} & \text{第 1 期} & \text{第 2 期} \\
-1 & \left\{ \begin{array}{l} 1 \\ 0 \end{array} \right. & \begin{array}{l} 0 \\ \tilde{R} \end{array}
\end{array}
$$

这里，θ 表示整体经济的运行状态，并假设其在 $[0,1]$ 上服从均匀分布。对于所有的存款者来说，θ 的真实值直到第 2 期才会被观察到。我们假设 $p(\theta)$ 对 θ 单调递增，并且 $E_\theta[p(\theta)] \cdot u(R) > u(1)$。

假设所有存款者均可以直接投资安全资产及风险资产。注意到，对于耐心的存款者来说，他们可以利用安全资产将其消费从第 1 期无成本地转移到第 2 期，这为他们在第 1 期便将其资金从银行部门中取出提供了技术上的可能。

3.2.2　社会最优的风险分担配置

在本小节，我们假设存在一个最大化整个社会福利的机构，该机构可以直接观测到存款者的类型，并从存款者手中收取资金，将这些资金最优地投入到两类资产中。我们用 x 表示在第 0 期投资到风险资产的比例，用 $1-x$ 表示投资到安全资产的比例。注意到，只要耐心存款者的偏好为风险厌恶，并且风险资产的较高回报要大于安全资产，那么，在第 1 期进行资产清算之后的最优投资组合，一定同时含有安全资产和风险资产。因此，在不失一般性的情况下，我们可以做出如下假设：该机构预期到第 1 期清算后的最优资产比例，在第 0 期选择最优的 x，使得在第 1 期仅清算安全资产以满足不耐心存款者的消费。因此，耐心存款者的消费量 c_2 为：$\dfrac{1-\lambda \cdot c_1}{1-\lambda} + \dfrac{(R-1) \cdot x}{1-\lambda}$，如果风险资产最终实现的回报为 R；或者，$\dfrac{1-\lambda \cdot c_1}{1-\lambda} - \dfrac{x}{1-\lambda}$，如果风险资产的最终回报为 0。

在存款者类型可观测的假设下，该最大化社会福利的机构可以根据第 1 期存款者类型的实现值提供消费计划：(c_1, c_2)。并且要求该消费计划，以及投资决策 $(x, 1-x)$ 最大化存款者在第 0 期的预期效用：

$$\underset{c_1, x}{\text{Max}}\ \lambda \cdot u(c_1) + (1-\lambda) \cdot \left[p(\theta) \cdot u\left(\frac{1-\lambda \cdot c_1}{1-\lambda} + \frac{(R-1) \cdot x}{1-\lambda} \right) \right.$$

$$\left. + (1-p(\theta)) \cdot u\left(\frac{1-\lambda \cdot c_1}{1-\lambda} - \frac{x}{1-\lambda} \right) \right] \tag{3-1}$$

通过一阶条件，我们可以利用如下两个等式对社会最优的消费和资产配置加以刻画：

$$u'(c_1^{FB}) = R \cdot u'\left(\frac{1-\lambda \cdot c_1^{FB}}{1-\lambda} + \frac{(R-1) \cdot x^{FB}}{1-\lambda} \right) \cdot \blacksquare[p(\theta)] \tag{3-2}$$

$$(R-1) \cdot u'\left(\frac{1-\lambda \cdot c_1^{FB}}{1-\lambda} + \frac{(R-1) \cdot x^{FB}}{1-\lambda} \right) \cdot \blacksquare[p(\theta)]$$

$$= u'\left(\frac{1-\lambda \cdot c_1^{FB}}{1-\lambda} - \frac{x^{FB}}{1-\lambda} \right) \cdot (1 - \blacksquare[p(\theta)]) \tag{3-3}$$

我们可以通过下面的数值例子对最大化社会福利的消费计划和资产选择做出进一步直观的说明。

数值例子 3.1：

假设效用函数形式为：$u(c) = \dfrac{(c+b)^{1-\gamma} - b^{1-\gamma}}{1-\gamma}$，其中 b 为一个接近于 0 的常数，并且 $\gamma > 1$。

因此，$u'(c) = (c+b)^{-\gamma}$。我们可以看出：$u'(1) > R \cdot u'\left(1 + \dfrac{(R-1) \cdot x^{FB}}{1-\lambda} \right) \cdot \blacksquare[p(\theta)]$，这意味着 c_1^{FB} 必须大于 1。同时，我们可以得到最优的风险投资比例：$x^{FB} = [1 - \lambda \cdot c_1^{FB} + (1-\lambda) \cdot b] \cdot \mathscr{A}$，其中，$\mathscr{A} =$

$$\dfrac{\left[\dfrac{(R-1) \cdot \blacksquare[p(\theta)]}{1 - \blacksquare[p(\theta)]} \right]^{\frac{1}{\gamma}} - 1}{R + \left[\dfrac{(R-1) \cdot \blacksquare[p(\theta)]}{1 - \blacksquare[p(\theta)]} \right]^{\frac{1}{\gamma}} - 1} < 1$$。因此，当 b 接近于 0 时，x^{FB} 将严格地小于

$1 - \lambda \cdot c_1^{FB}$。

我们用下面的命题对数值例子 3.1 的结果加以总结。

命题 3.1：在对存款者偏好加以一定限制的条件下，社会最优的配置（c_1^{FB}，x^{FB}），满足如下性质：为不耐心存款者提供的最优消费量将高于其在自给自足情况下的消费量（$c_1^{FB} > 1$）；并且，为耐心存款者提供的最优投资组合中将同时包含风险资产和安全资产（$0 < x^{FB} < 1 - \lambda \cdot c_1^{FB}$）。

命题 3.1 为以后进一步的分析提供的参考系。c_1^{FB} 大于 1，意味着在不耐心存款者和耐心存款者之间存在着流动性保险。不耐心存款者能够实现在自给自足情况下更高的消费水平，因此，社会最优的消费计划将风险资产长期预期高回报中的一部分转移给不耐心存款者进行消费。对于 $1 - x^{FB}$ 大于 $\lambda \cdot c_1^{FB}$ 的结果其实非常自然。由于在第 1 期必须为耐心存款者留有一部分的安全资产，并且资金总量为 1，因此，对于安全资产的最优投资水平应该大于为不耐心存款者所许诺的消费量的总和。

3.2.3　银行部门

银行为所有存款者提供储蓄合同。本质上，储蓄合同规定了银行为各期取款的每位存款者所承诺支付的消费量。由于银行部门在当前的环境中是完全竞争的，因此，该合同必须最大化存款者事前的效用。但是，同上一节中最大化社会福利的机构相比，银行部门在提供储蓄合同时，将面临两个约束。第一个约束是信息方面的，即存款者的类型是每位存款者的私人信息。由于存款者类型不能被银行直接观察到，储蓄合同也不能基于存款者类型在第 1 期的实现值进行签订。此外，在第 2 期，银行必须遵从另一个约束，即序贯服务约束（sequential service constraint）或者先到先服务约束（first-come-first-served constraint）。该约束意味着，只要银行手中还留有一部分的资产，那么，他们就必须清算这些资源以兑现其在储蓄合同中所做出的承诺。根据上面两个约束条件，我们可以用如下形式表示储蓄合同：

$$\begin{cases} c_1, & \text{如果在第 1 期取款} \\ c_2, & \text{如果在第 2 期取款} \end{cases}$$

对于那些在第 1 期取款的存款者，银行将支付 c_1 单位的消费量；对于其他在第 2 期取款的存款者，银行则将支付 c_2 单位的消费量。在第 2 期，银行会将其剩余的全部资产进行清算，并将所获得的收入平分给每位尚未取款的存款者。因此，银行在第 2 期的支付 c_2 将是一个随机变量，该变量取决于第 1 期取款的存款者人数，以及给定初始投资决策下风险资产最终的实现回报。

为了使得该问题易于处理，我们假设在第 1 期，无论取款人数的多少，银行总是选择先清算安全资产，我们将其称为"简单清算次序"（naive liquidation order）。如果同安全资产相比，清算风险资产存在较大的成本，该假设就可以成立。需要指出的是，这一成本并不一定是货币性质的。例如，在寻找购买风险资产的购买方时，可能存在明显的时滞，以至于银行没有足够的时间出售风险资产以满足全部的取款需求。

我们将分析集中在如下区域：$\blacktriangle = \left\{ (x, c_1) \mid 1 < c_1 < \dfrac{1-x}{\lambda} \right\}$，即图 3.1 所显示的区域。

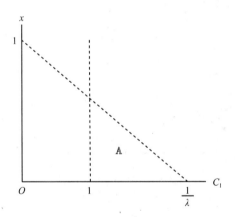

图 3.1　合理的储蓄合同区域

我们需要假设 c_1 大于 1。原因如下：如果 $c_1 < 1$，那么存款者在第 0 期将不会把资金放入银行，整个银行系统将不复存在。在自给自足的环境中，存款者可以最优地配置其禀赋，并且在第 1 期的消费量为 1。此外，如果 $c_1 > 1$，并且在第 1 期进行取款的存款者的数量足够多，那么即使将所有资产加以清算，所获得的收益也无法满足全部的取款需求。这对于这一经济环境中存在多重均衡现象至关重要（Diamond and Dybvig, 1983）。也就是说，如果耐心存款者预期其他的耐心存款者会在第 1 期取款，那么，该耐心存款者也会选择在第 1 期取款，从而造成基于恐慌（panic-based）的银行挤兑。假设 $c_1 < \dfrac{1-x}{\lambda}$ 的原因在于，耐心存款者的风险态度为风险厌恶，因此，无论风险资产有多"好"，耐心储户总是希望持有一部分的安全资产。在后面的分析中，我们将这一区域称为"合理的储蓄合同区域"。

给定上述关于银行行为以及储蓄合同的假设，并用 n 表示在第 1 期取款的存款者的总数，不耐心存款者和耐心存款者的支付可用表 3.1 加以总结。

表 3.1　　　　　　　　存款者的事后支付矩阵

提款时期	$n < \dfrac{1}{c_1}$	$n \geqslant \dfrac{1}{c_1}$
1	c_1	$\begin{cases} c_1 & \text{概率为} \dfrac{1}{nc_1} \\ 0 & \text{概率为} 1 - \dfrac{1}{nc_1} \end{cases}$
2	$\begin{cases} \begin{cases} \dfrac{1-nc_1}{1-n} + \dfrac{(R-1)\,x}{1-n} & \text{概率为} p(\theta) \\ \dfrac{1-nc_1}{1-n} - \dfrac{x}{1-n} & \text{概率为} 1-p(\theta) \end{cases} & \text{如果} n \leqslant \dfrac{1-x}{c_1} \\ \begin{cases} \dfrac{1-nc_1}{1-n}R & \text{概率为} p(\theta) \\ 0 & \text{概率为} 1-p(\theta) \end{cases} & \text{如果} n \geqslant \dfrac{1-x}{c_1} \end{cases}$	0

3.2.4　私人信号

为了能够应用全局博弈的方法讨论银行挤兑风险对银行投资组合选择的影响，我们需要引入关于经济运行状态的私人信号：每位存款者将在第 1 期期初获取该信号。经济的真实状态 θ 在第 1 期期初实现，但是，经济中的参与主体无法直接观测到该状态的实现值。不过，每位存款者会获得关于 θ 的私人信号：$\theta_i = \theta + \varepsilon_i$，这里假设 ε_i 为小的扰动项，并且对于不同的 i，ε_i 独立同分布，该分布为 $[-\varepsilon, \varepsilon]$ 上的均匀分布。此时，在第 1 期，存款者关于是否取款的决策便取决于其自身的类型，以及所获得的私人信号。注意到，不耐心存款者一定会在第 1 期取款，但对于耐心的存款者来说，他们将根据所收到的关于经济状态的私人信号，形成关于第 1 期取款总人数的预期，并根据这一预期决定何时取款。

我们通过表 3.2 对模型的时序加以总结。

表 3.2   **博弈的时序**

时期	银行	存款者
0	为存款者提供储蓄合同，然后做出投资组合选择。	决定是否将禀赋存入银行。
1	清算资产以兑现储蓄合同所规定的第 1 期支付值：c_1。假设银行偏好于先清算安全资产。	存款者的消费类型 λ 以及经济状态 θ 实现，并且每位存款者收到关于 θ 的私人信号：θ_i。根据消费类型以及私人信号做出取款决定。
2	风险资产的长期回报 R 实现，银行对第 1 期未取款的存款者支付 c_2。	如果存在一部分资产尚未清算，那么没有在第 1 期取款的存款者获得支付 c_2。

3.3   均衡的存在性分析

3.3.1   全局博弈

类似于戈德斯坦和鲍兹内（Goldstein and Pauzner, 2005），为了能够运用全局博弈的方法构建基于私人信号存款者挤兑的阈值均衡，我们还需要引入另外两个假设，以保证"劣势占优区域"（lower dominance regions）和"优势占优区域"（upper dominance regions）的存在性。

对于劣势占有区域，我们假设：当 $\theta \in [0, \xi]$ 时，$p(\theta) = 0$，其中 ξ 是一个接近于 0 的正常数。此时，存在 $\underline{\theta}(c_1, x)$，在区间 $[0, \underline{\theta})$ 之内，无论其他存款者如何决策，耐心存款者总是愿意进行银行挤兑。对于优势占优区域，我们假设存在 $\bar{\theta}(c_1, x)$，在区间 $(\bar{\theta}, 1]$ 内，$p(\theta) = 1$；并且，如果 θ 落入该区间，风险资产的清算收益为 R，因此对于耐心存款者来说，在第 1 期选择

"不从银行取款"将是其占优策略。

给定经济基本面 θ 的实现值，对于耐心存款者而言，在第 1 期选择"取款"和"不取款"的效用之差可以通过如下方程加以表述：

$$
v(\theta,n) = \begin{cases} p(\theta) \cdot u\left(\dfrac{1 - n \cdot c_n}{1 - n} + \dfrac{(R-1) \cdot x}{1 - n} \right) + (1 - p(\theta)) \\ \qquad \cdot u\left(\dfrac{1 - n \cdot c_1}{1 - n} - \dfrac{x}{1 - n} \right) - u(c_1) & \text{if} \quad \dfrac{1 - x}{c_1} \geqslant n \geqslant \lambda \\[2mm] p(\theta) \cdot u\left(\dfrac{1 - n \cdot c_1}{1 - n} R \right) - u(c_1) & \text{if} \quad \dfrac{1}{c_1} \geqslant n \geqslant \dfrac{1 - x}{c_1} \\[2mm] 0 - \dfrac{1}{n c_1} \cdot u(c_1) & \text{if} \quad 1 \geqslant n \geqslant \dfrac{1}{c_1} \end{cases} \tag{3-4}
$$

方程 $v(\theta, n)$ 对于 n 和 θ 都是连续的，应用全局博弈方法也需要这一连续性。在戈德斯坦和鲍兹内（Goldstein and Pauzner, 2005）的文章中，他们利用"单边策略互补性"（property of one-sided strategic complementarities）证明了全局博弈均衡的存在性。但是，我们的框架并不一定具备这一性质，即如果引入安全资产，并且允许银行选择其投资组合，如果风险资产的回报 R 足够大①，这一单边策略互补性便消失了。我们可以通过图 3.2 说明这一现象。

即便如此，函数 $v(\theta, n)$ 仍然具有"单交叉性"（single crossing property），即 $v(\theta, n)$ 在区间 $[\lambda, 1]$ 内同左边横轴仅相交一次。我们可以证明，这一单交叉性足以保证银行挤兑阈值均衡的存在性。

3.3.2 阈值均衡

命题 3.2：在合理的储蓄合同区域 $\left(1 < c_1 < \dfrac{1 - x}{\lambda} \right)$ 内，经济基本面存在某一阈值 $\theta^*(c_1, x)$，银行部门是否出现挤兑现象取决于这一阈值：对于耐心存

---

① 在本章的框架下，为了满足单边策略互补性，我们需要 $R < 1 + \dfrac{c_1 - 1}{x} < 1 + \dfrac{\dfrac{1 - x}{\lambda} - 1}{x} = \dfrac{1 - \lambda}{\lambda} \cdot \dfrac{1 - x}{x}$。

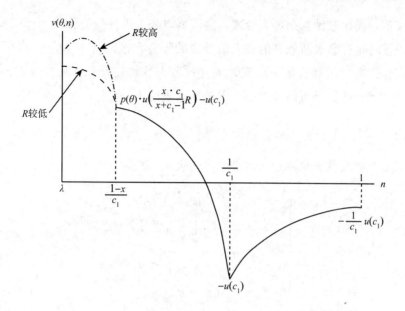

图 3.2　耐心存款者选择是否提前取款的效用差异

款者 i 来说，如果其私人信号 θ_i 低于 θ^*，该存款者选择在提前取款；否则，该存款者选择延迟取款。

证明：

在证明全局博弈均衡的存在性方面，本章同戈德斯坦和鲍兹内（Goldstein and Pauzner, 2005）不同之处在于，耐心存款者可能不满足单边策略互补性（见图 3.2），这种情况出现在风险资产的回报 R 较高的时候。但是，即便不满足单边策略互补性，我们仍然有单交叉性，这令我们仍可以利用戈德斯坦和鲍兹内的技术证明阈值均衡的存在性，但是无法保证均衡的唯一性。如果风险资产的回报 R 较低，此时，单边策略互补性同样得到满足，那么，阈值均衡的存在性和唯一性都能够成立。

证毕。

命题 3.2 给出了利用全局博弈的分析框架所构建出的阈值均衡：对于某个耐心存款者，当他收到关于经济基本面的私人信号低于某个阈值时，该存款者便会选择提前取款；反之，则选择延迟取款。

尽管无须求助于单边策略互补性，我们已经可以证明阈值均衡的存在，但是，我们并不能保证该均衡的唯一性。我们可以利用某些均衡选择标准使得该阈值均衡比其他均衡更为合理，这需要将来更进一步的研究。

由于每个存款者所收到的私人信号中的噪音在区间 $[-\varepsilon, \varepsilon]$ 内服从均匀分布，因此，选择在第 1 期取款的存款者人数将随着经济基本面 θ 的实现值线性变动，该结果可以通过如下引理加以表述：

推论 3.1： 在合理的储蓄合同区域 $\left(1 < c_1 < \dfrac{1-x}{\lambda}\right)$ 内，选择在第 1 期提前取款的存款者数量仅取决于基本面的实现值 θ，即：

$$
n(\theta, \theta^*(c_1, x)) = \begin{cases} 1 & \text{if } \theta \leqslant \theta^*(c_1, x) - \varepsilon \\[2mm] \lambda + (1-\lambda) \cdot \left(\dfrac{1}{2} + \dfrac{\theta^*(c_1, x) - \theta}{2 \cdot \varepsilon}\right) \\[2mm] \quad \text{if } \theta^*(c_1, x) - \varepsilon \leqslant \theta \leqslant \theta^*(c_1, x) + \varepsilon \\[2mm] 0 & \text{if } \theta \geqslant \theta^*(c_1, x) + \varepsilon \end{cases} \tag{3-5}
$$

证明：

如果经济运行状态 θ 低于 $\theta^*(c_1, x) - \varepsilon$，所有存款者收到的信号都低于 $\theta^*(c_1, x)$，由命题 3.2 所得到的阈值均衡可知，此时所有耐心存款者都会选择提前取款，因此，提前取款的人数为 1。

如果 θ 高于 $\theta^*(c_1, x) + \varepsilon$，那么所有存款者收到的信号都高于 $\theta^*(c_1, x)$，同样由命题 3.2 可知，此时，所有耐心存款者都会选择延迟取款，因此，提前取款的人数为 λ。

如果 θ 在上述两个区域之间，由于我们假设存款者所收到的私人信号 θ_i 在 $[-\varepsilon, \varepsilon]$ 上服从均匀分布，此时选择提前取款的耐心存款者数量将随着 θ 的变化而线性变动。

具体而言，给定经济状态 θ，所收到私人信号 θ_i 低于 $\theta^*(c_1, x)$ 耐心存款者的比例为：

$$
\frac{\theta^*(c_1, x) - (\theta - \varepsilon)}{2 \cdot \varepsilon}
$$

因此提前取款的耐心存款者人数为：

$$
(1-\lambda) \cdot \frac{\theta^*(c_1, x) - (\theta - \varepsilon)}{2 \cdot \varepsilon}
$$

加上不耐心存款者的人数 λ，选择提前取款的总人数为：

$$\lambda + (1 - \lambda) \cdot \left(\frac{1}{2} + \frac{\theta^*(c_1, x) - \theta}{2 \cdot \varepsilon} \right)$$

证毕。

3.4　均衡的相关性质

通过上一节的分析，我们已经得到阈值均衡的存在条件。但是，更为重要的问题是：内生的银行挤兑风险将如何影响银行的决策，即如何影响储蓄合同中的消费水平以及投资组合的选择。现在，我们可以基于这一阈值均衡对上述问题加以回答。

推论 3.2：在合理的储蓄合同区域 $\left(1 < c_1 < \dfrac{1-x}{\lambda} \right)$ 内，并且私人信号几乎完全精确（$\varepsilon \to 0$），那么，决定银行部门是否发生存款者挤兑的经济基本面 θ 的临界值，$\theta^*(c_1, x)$，由下式决定：

$$\lim_{\varepsilon \to 0} p(\theta^*) = \frac{u(c_1) \cdot (1 - \lambda c_1 + \ln c_1) - c_1 \cdot \int_{n = \lambda}^{\frac{1-x}{c_1}} \left(u\left(\frac{1 - n \cdot c_n}{1 - n} - \frac{x}{1 - n} \right) \right) \mathrm{d}n}{c_1 \cdot \left[\int_{n = \lambda}^{\frac{1-x}{c_1}} \left(u\left(\frac{1 - n \cdot c_1}{1 - n} + \frac{(R - 1) \cdot x}{1 - n} \right) - u\left(\frac{1 - n \cdot c_1}{1 - n} - \frac{x}{1 - n} \right) \right) \mathrm{d}n \right.}$$
$$\left. + \int_{n = \frac{1-x}{c_1}}^{\frac{1}{c_1}} \left(u\left(\frac{1 - n \cdot c_1}{1 - n} R \right) \right) \mathrm{d}n \right]}$$

$$(3 - 6)$$

证明：

对于收到私人信号为 θ^* 的临界耐心存款者，其对于提前取款和延迟取款之间是无差异的。即，如果选择提前取款，该存款者的预期效用为：

$$\int_{\lambda}^{\frac{1}{c_1}} u(c_1) \, \mathrm{d}n + \int_{\frac{1}{c_1}}^{1} \frac{1}{n \cdot c_1} \cdot u(c1) \, \mathrm{d}n = u(c_1) \cdot \left(\frac{1}{c_1} - \lambda \right) + \frac{u(c_1)}{c_1} \cdot \ln(c_1)$$

如果该存款者选择延迟取款，其预期效用为：

$$\int_{\lambda}^{\frac{1-x}{c_1}} \left[p(\theta^*) \cdot u\left(\frac{1-n\cdot c_1}{1-n} + \frac{(R-1)\cdot x}{1-n}\right) + (1-p(\theta^*)) \right.$$

$$\left. \cdot u\left(\frac{1-n\cdot c_1}{1-n} - \frac{x}{1-n}\right) \right] dn + \int_{\frac{1-x}{c_1}}^{1} p(\theta^*) \cdot u\left(\frac{1-n\cdot c_1}{1-n}R\right) dn$$

$$= p(\theta^*) \cdot \left[\int_{\lambda}^{\frac{1-x}{c_1}} \left[u\left(\frac{1-n\cdot c_1}{1-n} + \frac{(R-1)\cdot x}{1-n}\right) - u\left(\frac{1-n\cdot c_1}{1-n} - \frac{x}{1-n}\right) \right] dn \right.$$

$$\left. + \int_{\frac{1-x}{c_1}}^{1} u\left(\frac{1-n\cdot c_1}{1-n}R\right) dn \right] + \int_{\lambda}^{\frac{1-x}{c_1}} u\left(\frac{1-n\cdot c_1}{1-n} - \frac{x}{1-n}\right) dn$$

对于临界存款者，要求上述两个预期效用相等，即

$$u(c_1) \cdot \left(\frac{1}{c_1} - \lambda\right) + \frac{u(c_1)}{c_1} \cdot \ln(c_1) = p(\theta^*)$$

$$\cdot \left[\int_{\lambda}^{\frac{1-x}{c_1}} \left[u\left(\frac{1-n\cdot c_1}{1-n} + \frac{(R-1)\cdot x}{1-n}\right) - u\left(\frac{1-n\cdot c_1}{1-n} - \frac{x}{1-n}\right) \right] dn \right.$$

$$\left. + \int_{\frac{1-x}{c_1}}^{1} u\left(\frac{1-n\cdot c_1}{1-n}R\right) dn \right] + \int_{\lambda}^{\frac{1-x}{c_1}} u\left(\frac{1-n\cdot c_1}{1-n} - \frac{x}{1-n}\right) dn$$

进一步整理便可得到推论 3.2 中的表达式。

证毕。

推论 3.2 实际上给出了银行挤兑的发生概率。由于我们假设经济基本面 θ 在区间 $[0,1]$ 上服从均匀分布，因此，发生银行挤兑的事前概率为 $p^{-1}(\cdot)$。通过推论 3.2 中给出的 $p(\theta^*)$ 的表达式，我们可以得出银行的储蓄合同（c_1）以及投资组合（x）将如何影响发生银行挤兑的概率。

下面的结果揭示出银行在第 0 期的选择将如何影响在第 1 期发生银行挤兑的概率。

命题 3.3：在合理的储蓄合同区域 $\left(1 < c_1 < \frac{1-x}{\lambda}\right)$ 内，并且私人信号几乎完全精确（$\varepsilon \to 0$），那么，银行部门发生挤兑的事前概率将随着为提前取款者提供消费量的增加而上升；随着风险资产投资比例的上升而下降。即，$\theta^*(c_1, x)$ 是 c_1 的递增函数，是 x 的递减函数。

证明：

我们可以根据推论 3.2 中经济状态阈值 $p(\theta^*)$ 的表达式，两边分别对 n

和 c_1 取偏导数。

首先，对 c_1 取偏导数，表达式 $\dfrac{\partial \theta^*}{\partial c_1}$ 的分子为：

$$\left[u'(c_1) \cdot (1 - \lambda c_1 + \ln c_1) + u(c_1)\left(\frac{1}{c_1} - \lambda\right) \right.$$

$$- \int_{n=\lambda}^{\frac{1-x}{c_1}} \left(u\left(\frac{1-n \cdot c_1}{1-n} - \frac{x}{1-n}\right) \right) \mathrm{d}n + c_1$$

$$\cdot \left. \int_{n=\lambda}^{\frac{1-x}{c_1}} \left(u'\left(\frac{1-n \cdot c_1}{1-n} - \frac{x}{1-n}\right) \cdot \left(\frac{n}{1-n}\right) \right) \mathrm{d}n \right] \cdot c_1$$

$$\cdot \left[\int_{n=\lambda}^{\frac{1-x}{c_1}} \left(u\left(\frac{1-n \cdot c_1}{1-n} + \frac{(R-1) \cdot x}{1-n}\right) - u\left(\frac{1-n \cdot c_1}{1-n} - \frac{x}{1-n}\right) \right) \mathrm{d}n \right.$$

$$\left. + \int_{n=\frac{1-x}{c_1}}^{\frac{1}{c_1}} u\left(\frac{1-n \cdot c_1}{1-n}R\right) \mathrm{d}n \right]$$

$$- \left[u(c_1) \cdot (1 - \lambda c_1 + \ln c_1) - c_1 \cdot \int_{n=\lambda}^{\frac{1-x}{c_1}} \left(u\left(\frac{1-n \cdot c_1}{1-n} - \frac{x}{1-n}\right) \right) \mathrm{d}n \right]$$

$$\cdot \left[\int_{n=\lambda}^{\frac{1-x}{c_1}} \left(u\left(\frac{1-n \cdot c_1}{1-n} + \frac{(R-1) \cdot x}{1-n}\right) - u\left(\frac{1-n \cdot c_1}{1-n} - \frac{x}{1-n}\right) \right) \mathrm{d}n \right.$$

$$\left. + \int_{n=\frac{1-x}{c_1}}^{\frac{1}{c_1}} \left(u\left(\frac{1-n \cdot c_1}{1-n}R\right) \right) \mathrm{d}n + c_1 \right.$$

$$\cdot \left[\int_{n=\lambda}^{\frac{1-x}{c_1}} \left(u'\left(\frac{1-n \cdot c_1}{1-n} - \frac{(R-1) \cdot x}{1-n}\right) \cdot \left(-\frac{n}{1-n}\right) \right. \right.$$

$$\left. - u'\left(\frac{1-n \cdot c_1}{1-n} - \frac{x}{1-n}\right) \cdot \left(-\frac{n}{1-n}\right) \right) \mathrm{d}n + u\left(\frac{x}{1-n}R\right)$$

$$\left. \left. + \int_{n=\frac{1-x}{c_1}}^{\frac{1}{c_1}} u'\left(\frac{1-n \cdot c_1}{1-n}R\right)\left(-\frac{n}{1-n}\right) \mathrm{d}n - u\left(\frac{x \cdot c_1}{c_1 - 1 + x}R\right)\frac{1-x}{c_1^2} \right] \right]$$

对于上式的第一项，由于 $c_1 > 1$，$\dfrac{n}{1-n}$ 在区域 $\left[\lambda, \dfrac{1-x}{c_1}\right]$ 中的权重大于 1，因此，此项符号为正。对于上式的第二项的前半式一定为正，后半式则为负。由于 $p'(c \cdot) > 0$，因此，$\dfrac{\partial \theta^*}{\partial c_1}$ 的分母一定为正，故 $\dfrac{\partial \theta^*}{\partial c_1} > 0$。

与之类似，可证 $\dfrac{\partial \theta^*}{\partial x} < 0$。

证毕。

通过命题3.3我们可以看出，如果银行的储蓄合同所给出的第1期消费越高，发生银行挤兑的事前概率越大；银行投资组合选择中的风险资产所占比例越大，事前发生银行挤兑的概率越低。前一个结果非常符合直觉：银行为不耐心存款者所提供的消费水平越高，耐心储户提前取款可以获得的效用也越大，那么，发生银行挤兑的概率也会随之提高。但对于后一个结果，就似乎有些违背直觉。但是，由于我们所分析的是银行的投资选择对于银行挤兑的"事前"概率的影响，注意到只有风险资产才可能为耐心存款者提供更高的消费，这一结果就变得很自然。因为风险资产在第2期的期望回报要高于安全资产，于是从事前来看，多投资风险资产会降低发生银行挤兑的概率。换一个角度说，正是由于银行预期经济会保持相对稳定的状态，这反而加剧了银行在风险资产上的投资。此时，银行挤兑的可能性更加依赖于资产质量在第1期的实现值，从而使得金融系统更加脆弱。

我们可以通过下面的数值例子进一步理解命题3.3。

数值例子3.2：

假设效用函数形式为：$u(c) = \dfrac{(c+b)^{1-\gamma} - b^{1-\gamma}}{1-\gamma}$，并且 $\gamma > 1$，$b = 0.0001$，

$\lambda = 0.5$，$R = 2.5$，$p(\theta) = \begin{cases} 1 & \text{if } 1-\xi \le \theta \le 1 \\ \dfrac{\theta - \xi}{1 - 2 \cdot \xi} & \text{if } \xi \le \theta \le 1-\xi \\ 0 & \text{if } 0 \le \theta \le \xi \end{cases}$，其中 $\xi = 0.0001$。利用

数值模拟，我们可以得到图3.3。

通过图3.3我们可以看出，给不耐心存款者的消费量 c_1 较低时，减少风险资产的投资并不会造成银行挤兑概率的快速上升；而当 c_1 高时，风险资产投资量的下降将伴随着挤兑概率的不断提升。

命题3.4：考虑私人信号几乎完全精确（$\varepsilon \to 0$）的情况，如果存款者的劣势占优区域（$\underline{\theta}(1, 1-\lambda)$）足够小①，那么，银行为提前取款者所提供的均

---

① 对于"$\underline{\theta}(1, 1-\lambda)$ 足够小"的一个充分条件是 $\underline{\theta}(1, 1-\lambda) < $

$\dfrac{\lambda \cdot \int_{\underline{\theta}(1,1-\lambda)}^{1} (u'(1) - R \cdot p(\theta) \cdot u'(R)) \mathrm{d}\theta}{u(1) - u'(1)}$。

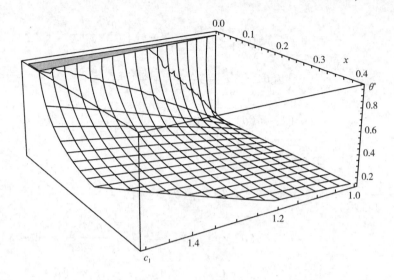

图 3.3　银行挤兑概率的比较静态分析

衡消费量一定大于 $1(c_1^* > 1)$；并且，银行为耐心存款者提供的均衡投资组合将同时包含风险资产和安全资产（$x^* < 1 - \lambda \cdot c_1^*$）。

证明：

代表性存款者的预期效用为：

$$\lim_{\varepsilon \to 0} [\, U(c_1, x)\,] = \int_0^{\theta^*(c_1, x)} \frac{1}{c_1} u(c_1)\, \mathrm{d}\theta + \int_{\theta^*(c_1, x)}^1 \Big\{ \lambda \cdot u(c_1) + (1 - \lambda)$$

$$\cdot \Big[p(\theta) \cdot u\Big(\frac{1 - \lambda \cdot c_1}{1 - \lambda} + \frac{(R-1) \cdot x}{1 - \lambda} \Big)$$

$$+ (1 - p(\theta)) \cdot u\Big(\frac{1 - \lambda \cdot c_1}{1 - \lambda} - \frac{x}{1 - \lambda} \Big) \Big] \Big\} \mathrm{d}\theta$$

两边对 c_1 取偏导数，可得：

$$\lim_{\varepsilon \to 0} \frac{\partial [\, U(c_1, x)\,]}{\partial c_1} = \frac{c_1 u'(c_1) - u(c_1)}{(c_1)^2} \theta^*(c_1, x) + \frac{u(c_1)}{c_1} \frac{\partial \theta^*(c_1, x)}{\partial c_1}$$

$$- \lambda \cdot u(c_1) \frac{\partial \theta^*(c_1, x)}{\partial c_1} - (1 - \lambda).$$

$$\Big[p(\theta^*) \cdot u\Big(\frac{1 - \lambda \cdot c_1}{1 - \lambda} + \frac{(R-1) \cdot x}{1 - \lambda} \Big) + (1 - p(\theta^*))$$

$$\cdot u\Big(\frac{1-\lambda \cdot c_1}{1-\lambda} - \frac{x}{1-\lambda}\Big)\Big]\frac{\partial \theta^*(c_1,x)}{\partial c_1} + \lambda \cdot$$

$$\int_{\theta^*(c_1,x)}^{1}\Big\{u'(c_1) - \Big[p(\theta) \cdot u'\Big(\frac{1-\lambda \cdot c_1}{1-\lambda} + \frac{(R-1) \cdot x}{1-\lambda}\Big)$$

$$+ (1-p(\theta)) \cdot u'\Big(\frac{1-\lambda \cdot c_1}{1-\lambda} - \frac{x}{1-\lambda}\Big)\Big]\Big\}d\theta$$

当 $c_1 = 1$ 时，上式变为：

$$\frac{u'(1) - u(1)}{(c_1)^2}\theta^*(1,x) + \Big\{u(1) - p(\theta^*) \cdot u\Big(1 + \frac{(R-1) \cdot x}{1-\lambda}\Big)$$

$$+ (1-p(\theta^*)) \cdot u\Big(1 - \frac{x}{1-\lambda}\Big)\Big\}\frac{\partial \theta^*(c_1,x)}{\partial c_1}(1-\lambda)$$

$$+ \lambda \cdot \int_{\theta^*(c_1,x)}^{1}\Big\{u'(1) - \Big[p(\theta) \cdot u'\Big(1 + \frac{(R-1) \cdot x}{1-\lambda}\Big)$$

$$+ (1-p(\theta)) \cdot u'\Big(1 - \frac{x}{1-\lambda}\Big)\Big]\Big\}d\theta$$

由于 $u(\cdot)$ 为凹函数，由 Jensen 不等式，我们不难发现，上式中后两项均为正。为了保证第一项为正，我们需要 $\theta^*(1,x)$ 趋近于 $\underline{\theta}(1,x)$，具体而言，我们需要 $-\underline{\theta}(1,1-\lambda) \cdot (u(1) - u'(1)) + \lambda \cdot \int_{\underline{\theta}(1,1-\lambda)}^{1} (u'(1) - R \cdot p(\theta) \cdot u(R))d\theta > 0$，便可以保证该命题的结论成立。与之类似，我们同样可以得到 $\lim\limits_{\varepsilon \to 0}\dfrac{\partial[U(c_1,x)]}{\partial x}$ 相对应的结果。

证毕。

命题 3.4 指出，在一定条件下，为不耐心存款者提供的消费量必须大于自给自足下的消费量，这意味着，即使存在着银行挤兑的风险，最优的储蓄合同仍会为存款者提供流动性保险。另外，为了尽量避免银行挤兑的发生，风险资产的投资量要保持在一个临界值之上。

下面，我们将给出给本章最重要的结果，即，当银行面临存款者挤兑的风险时，其风险资产的投资水平将高于社会最优的水平，此外，为不耐心存款者提供的消费量将低于社会最优的水平。

命题 3.5：考虑私人信号几乎完全精确（$\varepsilon \to 0$）的情况，银行为提前取款者所提供的均衡消费量将低于社会最优水平（$c_1^* < c_1^{FB}$）；并且，银行选择的风险资产均衡投资比例将高于社会最优水平（$x^* > x^{FB}$）。

证明：

命题 3.2、命题 3.3 和命题 3.4 已经刻画出储蓄合同 c_1 以及投资组合 x 对于存款者提款决策的影响。现在，我们将讨论银行在第 0 期的决策问题，即银行将选择储蓄合同 c_1 以及风险资产的投资比例 x，以最大化存款者在第 0 期的预期效用：

$$\lim_{\varepsilon \to 0} \left[U(c_1, x) \right] = \int_0^{\theta^*(c_1, x)} \frac{1}{c_1} u(c_1) \, d\theta + \int_{\theta^*(c_1, x)}^1 \left\{ \lambda \cdot u(c_1) + (1 - \lambda) \right.$$
$$\cdot \left[p(\theta) \cdot u\left(\frac{1 - \lambda \cdot c_1}{1 - \lambda} + \frac{(R - 1) \cdot x}{1 - \lambda} \right) \right.$$
$$\left. \left. + (1 - p(\theta)) \cdot u\left(\frac{1 - \lambda \cdot c_1}{1 - \lambda} - \frac{x}{1 - \lambda} \right) \right] \right\} d\theta$$

对于 c_1 和 x 的一阶条件分别为：

$[c_1]$：

$$\int_{\theta^*(c_1, x)}^1 \left\{ u'(c_1) - \left[p(\theta) \cdot u'\left(\frac{1 - \lambda \cdot c_1}{1 - \lambda} + \frac{(R - 1) \cdot x}{1 - \lambda} \right) + (1 - p(\theta)) \right. \right.$$
$$\left. \left. \cdot u'\left(\frac{1 - \lambda \cdot c_1}{1 - \lambda} - \frac{x}{1 - \lambda} \right) \right] \right\} d\theta = \frac{1}{\lambda} \cdot \frac{\partial \theta^*(c_1, x)}{\partial c_1}$$
$$\cdot \left\{ \lambda \cdot u(c_1) + (1 - \lambda) \cdot \left[p(\theta^*) \cdot u\left(\frac{1 - \lambda \cdot c_1}{1 - \lambda} + \frac{(R - 1) \cdot x}{1 - \lambda} \right) \right. \right.$$
$$\left. \left. + (1 - p(\theta^*)) \cdot u\left(\frac{1 - \lambda \cdot c_1}{1 - \lambda} - \frac{x}{1 - \lambda} \right) \right] - \frac{1}{c_1} u(c_1) \right\}$$
$$+ \frac{1}{\lambda} \cdot \int_0^{\theta^*(c_1, x)} \left\{ \frac{u(c_1) - c_1 \cdot u'(c_1)}{c_1^2} \right\} d\theta$$

$[x]$：

$$\int_{\theta^*(c_1, x)}^1 \left\{ p(\theta) \cdot u'\left(\frac{1 - \lambda \cdot c_1}{1 - \lambda} + \frac{(R - 1) \cdot x}{1 - \lambda} \right) \cdot (R - 1) - (1 - p(\theta)) \right.$$
$$\left. \cdot u'\left(\frac{1 - \lambda \cdot c_1}{1 - \lambda} - \frac{x}{1 - \lambda} \right) \right\} d\theta = \frac{\partial \theta^*(c_1, x)}{\partial x} \left\{ \lambda \cdot u(c_1) + (1 - \lambda) \right.$$
$$\left. \cdot \left[p(\theta^*) \cdot u\left(\frac{1 - \lambda \cdot c_1}{1 - \lambda} + \frac{(R - 1) \cdot x}{1 - \lambda} \right) + (1 - p(\theta^*)) \right. \right.$$

$$\cdot u\Big(\frac{1 - \lambda \cdot c_1}{1 - \lambda} - \frac{x}{1 - \lambda}\Big)\Big] - \frac{1}{c_1} u(c_1)\Big\}$$

通过整理上式，我们可以得到如下两个等式：

$$u'(c_1) - R \cdot u'\Big(\frac{1 - \lambda \cdot c_1}{1 - \lambda} + \frac{(R - 1) \cdot x}{1 - \lambda}\Big) \cdot \blacksquare[p(\theta) \mid \theta > \theta^*(c_1, x)]$$

$$= \mathcal{M} > 0$$

其中：

$$\mathcal{M} = \Big(\frac{1}{\lambda} \cdot \frac{\partial \theta^*(c_1, x)}{\partial c_1} - \frac{\partial \theta^*(c_1, x)}{\partial x}\Big) \cdot \Big(\frac{1}{1 - \theta^*(c_1, x)}\Big) \cdot \Big\{\lambda \cdot u(c_1)$$

$$+ (1 - \lambda) \cdot \Big[p(\theta^*) \cdot u\Big(\frac{1 - \lambda \cdot c_1}{1 - \lambda} + \frac{(R - 1) \cdot x}{1 - \lambda}\Big) + (1 - p(\theta^*))$$

$$\cdot u\Big(\frac{1 - \lambda \cdot c_1}{1 - \lambda} - \frac{x}{1 - \lambda}\Big)\Big] - \frac{1}{c_1} u(c_1)\Big\} + \frac{1}{\lambda} \cdot \frac{\theta^*(c_1, x)}{1 - \theta^*(c_1, x)}$$

$$\cdot \frac{u(c_1) - c_1 \cdot u'(c_1)}{c_1^2}$$

由于 $\blacksquare[p(\theta) \mid \theta > \theta^*(c_1, x)] > \mathrm{E}[p(\theta)]$，因此，银行为提前取款者所提供的均衡消费量将低于社会最优水平，即 $c_1^* < c_1^{FB}$。

此外，关于 x 的一阶条件可以进一步整理，得到下式：

$$(R - 1) \cdot u'\Big(\frac{1 - \lambda \cdot c_1}{1 - \lambda} + \frac{(R - 1) \cdot x}{1 - \lambda}\Big) \cdot \blacksquare[p(\theta) \mid \theta > \theta^*]$$

$$- u'\Big(\frac{1 - \lambda \cdot c_1}{1 - \lambda} - \frac{x}{1 - \lambda}\Big) \cdot (1 - \blacksquare[p(\theta) \mid \theta > \theta^*]) = \mathcal{N} < 0$$

其中：

$$\mathcal{N} = \Big(\frac{\partial \theta^*(c_1, x)}{\partial x}\Big) \Big(\frac{1}{1 - \theta^*(c_1, x)}\Big) \Big\{\lambda \cdot u(c_1) + (1 - \lambda) \cdot \Big[p(\theta^*)$$

$$\cdot u\Big(\frac{1 - \lambda \cdot c_1}{1 - \lambda} + \frac{(R - 1) \cdot x}{1 - \lambda}\Big) + (1 - p(\theta^*))$$

$$\cdot u\Big(\frac{1 - \lambda \cdot c_1}{1 - \lambda} - \frac{x}{1 - \lambda}\Big)\Big] - \frac{1}{c_1} u(c_1)\Big\}$$

由于 c_1^* 低于 c_1^{FB}，并且 $u'(\cdot)$ 为递减函数，所以，$u'\Big(\frac{1 - \lambda \cdot c_1^*}{1 - \lambda} +$

$\dfrac{(R-1)\cdot x^*}{1-\lambda}\Big)$ 和 $u'\Big(\dfrac{1-\lambda\cdot c_1^{FB}}{1-\lambda}-\dfrac{x^{FB}}{1-\lambda}\Big)$ 都将低于 $u'\Big(\dfrac{1-\lambda\cdot c_1^*}{1-\lambda}+$

$\dfrac{(R-1)\cdot x^*}{1-\lambda}\Big)$ 和 $u'\Big(\dfrac{1-\lambda\cdot c_1^{FB}}{1-\lambda}-\dfrac{x^{FB}}{1-\lambda}\Big)$。

因此，x^* 和 x^{FB} 的相对大小取决于 ▇$[p(\theta)\,|\,\theta>\theta^*]$ 和 ▇$[p(\theta)]$ 的相对大小。

由于 ▇$[p(\theta)\,|\,\theta>\theta^*]$ 一定大于 ▇$[p(\theta)]$，因此，银行选择的风险资产均衡投资比例将高于社会最优水平，即 $x^*>x^{FB}$。

我们可以对命题 3.5 做出如下直观解释：由于存款者挤兑风险会降低事前的社会福利水平，因此银行必须尽力避免挤兑的发生。银行可以通过两种方式实现这一点：降低提前取款的消费量；以及，提高延迟取款的消费量。前者意味着为不耐心存款者所提供的消费量必须加以扭曲，使之低于社会最优的水平。对于后者，由于安全资产的收益低于风险资产的期望收益，因此，银行只能通过提高风险资产的投资量以实现延迟取款预期消费量的提升。

通过命题 3.3、命题 3.4、命题 3.5，我们便在全局博弈的框架下，刻画了银行挤兑均衡的相关性质。

3.5 进一步讨论

3.5.1 安全资产的收益大于 1 的情形

在上一节的分析中，我们假设安全资产的最终收益为 1。我们可以将该假设放松，即允许安全资产的最终收益为 $r(r>1)$。此时，戴蒙德和迪布维格（Diamond and Dybvig, 1983）的多重均衡问题将再度出现。这是因为投资到安全资产中存在着两个效应：一方面，如果 $c_1<r$，投资安全资产将减弱耐心存款者提前取款的动机；另一方面，多投资安全资产将降低存款者对私人信号反应的灵敏度。但是，我们可以通过对模型架构做一个微小的调整，便可以解决这一问题。即，假设安全资产提前清算的价值也为 r（不再为 1）。相应的，为不耐心存款者的消费量也将大于 r。

3.5.2　存款保险

在戴蒙德和迪布维格的文章中，政府可以通过收取存款利息税，并将税收收入作为存款保险（deposit insurance）的资金来源，从而可以避免出现挤兑均衡，实现社会最优的资源配置水平。我们也可以将政府的存款保险制度应用于本章的框架中，但是，存款保险会带来其他需要进一步讨论的问题。首先，戴蒙德和迪布维格所设定的存款保险制度同现实并不相符：美国联邦存款保险公司（FDIC）向与之签订保险合同的银行收取保费，而并非收取利息税；另外，FDIC 同银行签订的保险费率可能出现偏差，无法确保银行在资产选择上的谨慎行为。此外，现实中的存款保险极少出现全额保险的情况，而是设定一个金额的上限，当存款额度超过该上限时，保险公司便不会进行理赔。更重要的是，存款保险很可能加剧银行的道德风险问题。也就是说，由于存款保险保护的是经济下行、银行遭受损失的风险，这会使得银行更有动机选择收益高但风险也极高的项目进行投资，从而加剧银行部门的脆弱性。

3.6　本章总结

本章在戴蒙德和迪布维格（Diamond and Dybvig，1983）提供的分析框架上，允许银行选择安全资产和风险资产的投资比例，并且运用全局博弈的方法，讨论银行投资风险和存款者挤兑概率之间的关系。

本章所得到的重要结论是：当面对存款者挤兑风险时，银行所选择的风险资产投资比例将高于社会最优的水平。由于耐心存款者是否取款取决于所收到的关于经济基本面的私人信号，而风险资产的未来收益会受到经济基本面的影响，因此，挤兑风险将使得银行部门的稳定性更加依赖于经济状态的波动，从而加剧银行部门的脆弱性。这一结果凸显了市场约束力（market discipline）的局限性：为银行提供资金的存款者彼此之间的协调失灵（coordination failure）可能会加剧银行部门的风险承担水平。

政府可以通过提供存款保险降低银行挤兑发生的概率，进而降低银行部门的风险投资水平，增强其稳定性。但是，在现实中，存款保险本身同样存在者无法回避的种种缺陷：保费费率不一定准确；无法做到对所有存款的完全保险；以及，存款保险很可能会加剧银行的道德风险问题。

第 4 章　或有资本、资产抛售与银行信用风险

4.1　导　言

从 2007 年开始的美国次贷危机，一直不断蔓延，最后演变成席卷全球范围的金融海啸。这次金融危机让人们深刻地体会到现行的金融监管措施尚不足以维持金融系统的稳定性。目前，学术界针对如何增加金融系统的自我恢复力（resilience）提出了很多政策建议[①]，其中的一些建议已经付诸实践[②]。在这些措施中，同银行资本相关的监管工具是其中最引人瞩目的议题。一种被称为"或有资本"（contingent capital）或"或有可转债券"（contingent convertible debt）的新型融资工具得到了广泛的关注，并且一些金融机构已经开始发行这种新型证券进行融资。

本章所关注的问题是，在资本结构中引入或有资本是否会提升银行部门的稳定性？如果可以，其影响渠道和机制为何？

在进行正式讨论之前，我们先对"或有资本"做一个简单的介绍。弗兰

[①]　例如，美国的 Dodd-Frank 法案便在 2010 年 7 月 15 日得到国会参议院的通过，并在未来的几年逐步得到实施。该法案的章节 115（c）便涉及我们所讨论的或有资本问题。该法案要求金融稳定监督委员会（Financial Stability Oversight Council）针对或有资本的可行性、收益、成本以及结构加以研究，并向国会提交相关的报告。

[②]　如苏格兰皇家银行（The Royal Bank of Scotland）、劳埃德银行集团（Lloyds Banking Group）、荷兰博拉银行（Rabobank）和瑞士信贷（Credit Suisse）分别在 2009 年底至 2011 年初设计并发行了或有资本。或有资本的设计存在三个关键要素：总发行量、转换率以及转换的触发事件。

纳里在 2005 年的论文中首先提出这一概念①。在这篇文章中，弗兰纳里将这一融资工具命名为"逆向可转债"（reverse convertible debentures），以强调或有资本同一般的企业可转债之间的相似点和区别。在正常的情况下，或有资本同一般的次级债券（subordinate bonds）没有任何区别。但是，如果发生或有资本所规定的触发事件，或有资本便会自动发生某种形式的转换，帮助银行进行资本重组、增加银行资本。以弗兰纳里（Flannery，2010）为例，逆向可转债的触发事件是银行的资本比率低于某一特定的阈值。如果该事件发生，那么所有的逆向可转债都将转化为银行的股本，帮助银行渡过难关。

图 4.1 给出了在不同的资产价值下，一家持有或有资本的银行的股东、债权人以及或有资本投资者的收益曲线。注意到，随着资产价值的下降，银行股权投资者的收益随之下降。同时，触发或有资本转换的可能性不断增加，或有资本的价值不断下降。因此，只有资产价值下降的幅度足够低，债权价值才会随之下降。可见，银行持有或有资本实际上保护了银行债权人的利益。

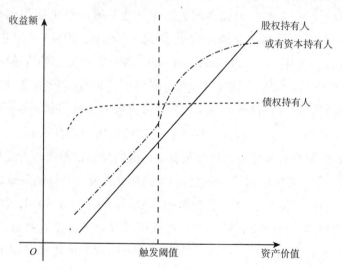

图 4.1　股票、债券以及或有资本持有人的收益

资料来源：Murphy，Walsh 和 Wilson（2012）。

① Flannery, M. J., "'No Pain, No Gain' Effecting Market Discipline via 'Reverse Convertible Debentures'", in Hal S. Sott (ed.), *Capital Adequacy beyond Basel: Banking, Securities, and Insurance*, Oxford University Press, 2005.

　　基于或有资本的这些特征，我们试图回答如下简单却具有根本性的问题：银行为什么需要持有或有资本？特别地，同银行资本结构仅包含一般的短期债务相比，银行持有或有资本能否增进银行股本的稳定性，降低信用风险？

　　在本章的经济环境中，监管部门会对银行的负债率设定一个上限。当经济发生危机，银行陷入困境时，其实际负债率也会随之上升。为了满足负债率上限的监管要求，银行必须通过某种方式获得资金，清偿部分短期负债。如果银行在短期内没有其他资金来源，那么，银行只能通过卖出资产来清偿债务。此时，如果资产市场的价格较低，那么，银行只能选择抛售大量资产以期渡过难关，但这将进一步压低资产的市价，导致银行资不抵债，迫使其进入破产程序。

　　如果银行持有或有资本，当其陷入困境时，银行可以选择触发或有资本的转换，从而可以及时补充银行资本，并减少资产的出售数量，提高资产价格，使得金融市场更加稳定，进而降低自身的破产风险。

　　目前分析或有资本的相关文献大多关注于或有资本的定价与设计问题。关于或有资本定价问题的文献主要将莫顿（Merton，1974）、利兰（Leland，1994）以及利兰和托夫特（Leland and Toft，1996）所构建的连续时间随机分析理论框架应用于银行资本结构的动态演变。例如，彭纳基（Pennacchi，2011）将银行资产的收益刻画为跳跃—扩散过程（jump-diffusion process），并允许无风险利率为随机过程，发现或有资本的定价与其转换阈值负相关，同时与或有资本持有者转变为银行股东后所造成的损失正相关。麦克唐纳（McDonald，2013），希默尔伯格、萨克斯和采波拉科夫（Himmelberg，Sachs and Tsyplakov，2012）以及格拉瑟曼和努里（Glasserman and Nouri，2012）也采用了类似的框架分析了或有资本的相关合同条款对于价格以及银行资本结构的影响。马一和葛静（2015）认为或有资本可以视为由普通息票债券、或有远期合约和下降—敲入二值期权等三种金融证券的多头组成，因此可参照这三种金融合约分析或有资本的定价和相关性质。

　　或有资本的设计问题主要涉及发行量、转换率（conversion rate）以及转换的触发事件（trigger）这三方面内容，并且尤以针对后两个因素的讨论最多。

　　对于转换率的讨论主要涉及或有资本转换后对旧股东的"稀释成本"与或

有资本有效性之间的权衡（例如，De Martino et al.，2011；Furstenberg，2011）。希默尔伯格、萨克斯和采波拉科夫（Himmelberg, Sachs and Tsyplakov, 2014）认为，银行为了减少稀释成本（dilution cost）可能过度去杠杆；如果稀释成本为零，银行所选的杠杆率反而过高。郭桂霞和沈婷（2015）分析了投资者和监管部门同银行间的不对称信息对于或有资本最优转换率的影响。

对于触发事件的讨论则关注于不同机制背后参与人的行为激励和市场均衡问题。关于触发事件的形式可以从两个层面进行分类：第一，从触发事件的个数上，可以分为基于银行个体（如一家银行的股价）的单触发机制（Flannery，2010），以及基于银行个体和系统指数（如资本市场的价格指数）的双触发机制（French，2010；McDonald，2013）；第二，从触发事件的性质上，可以分为基于会计指标的触发机制和基于市场指标（如股票价格）的触发机制。普雷斯科特（Prescott，2012）与桑德里森和王震宇（Sundaresan and Wang，2015）强调，由于参与人无法最优地选择或有资本转换策略，基于市场指标的触发事件会产生多重均衡，进而导致银行和投资者无法对或有资本加以定价，或有资本也就很难在现实中加以应用。崔婕和沈沛龙（2012）认为，考虑到我国银行业的复杂性和差异性，以及对于系统性风险的防控，双触发机制更适合我国的实际情况。

最后，曾静（Zeng，2012）采用证券设计（security design）的方法分析银行资本结构问题，使得或有资本内生地出现在银行的最优资本结构中。

通过对于已有文献的梳理，我们不难发现，目前国内外研究集中在或有资本自身定价和相关要素的设计方面，几乎很少涉及银行是否持有或有资本与资产市场的稳定性，特别是同资产抛售行为和资产价格之间的关系。本章正是从这一角度分析在经济陷入危机时，银行危机如何在资产抛售和触发或有资本转换两者间选择以补充资本金，避免信用风险的发生。这是本章主要的理论贡献。

4.2 资产价格外生的情形

本章将比较不持有或有资本（银行只能通过抛售资产补充银行资本），以及持有或有资本（银行还可以通过转换或有资本来补充银行资本）这两种情形如何影响银行的信用风险。

本节将讨论资产价格为外生给定情形下，当资产价值下跌时，拥有不同资本结构的银行发生信用风险的条件，以及当持有或有资本时，银行选择不同资本补充方式（资产抛售与或有资本转换）的条件。

4.2.1　模型设定

在我们的模型中，经济将运行 3 期：第 0、第 1、第 2 期，并且各参与人的跨期贴现率为 0，并均为风险中性（risk neutral）。在第 0 期，一家垄断银行持有 1 单位资产①进入该经济，该资产的收益仅在第 2 期实现。我们可以利用图 4.2 描述该资产预期收益的不同走势：

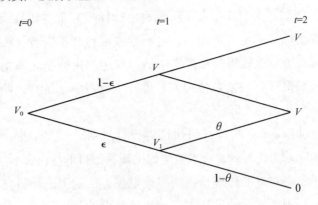

图 4.2　资产的预期收益走势

在图 4.2 中，我们将该资产在第 0 期的价值记为 V_0。从第 0 期到第 1 期，经济有两种可能的发展趋势：以 $1-\epsilon$ 的概率，经济将在第 1 期保持上行的趋势：资产在第 2 期最终的回报为确定的 V（$V>0$）；以 ϵ 的概率，经济将在 $t=1$ 期陷入危机，此时，银行的最终回报将成为一个服从二项分布的随机变量：以 θ 的概率，该资产仍可获得 V 的回报；以 $1-\theta$ 的概率，该资产在第 2 期的回报为 0。由此，对于风险中性的参与人而言，资产在第 0 期的价值为

---

①　例如，企业信贷、按揭贷款、资产证券化产品等。

$V_0 = \kappa \cdot V$，其中 $\kappa = 1 - (1 - \theta) \cdot \epsilon$。

假设银行需要通过发行短期债券融资获得资金用于投资长期资产。因此，在第 1 期，当短期债券到期时，银行需要对其债务进行展期（roll-over），即银行通过发行新的短期债券获得资金以清偿旧债。具体而言，当经济形势良好时（对应图 4.2 中，$t = 1$ 期上面的节点），银行不必再增加债券面额；如果经济出现危机（对应图 4.2 中，$t = 1$ 期下面的节点），债券价格便会下跌，此时银行若要清偿旧债，就必须提高新债的面值（face value）。对于银行的资本结构，我们将考虑两种不同的情形：情形一，银行仅持有短期债券，在经济危机时只能抛售资产补充资本金；情形二，银行同时持有短期债券和或有资本，在经济危机时还可以通过转换或有资本提升银行股本。我们将比较这两种不同情形下，银行发生信用风险的条件。

经济中存在一个监管部门，该部门会针对银行的实际债务与资产的比率（以下简称"负债率"），$d_t(t = 0, 1)$，设定某一上限 d。注意到，这里所设定的负债率上限等同于要求银行的资本充足率不能小于某个阈值，即 $k = 1 - d$，其中 k 为资本充足率下限。如果银行由于外生的经济冲击导致资产贬值，使得银行的实际负债率超过监管部门所规定的上限，那么，银行必须通过某种方式补充资本金，以满足负债率上限要求。否则，银行将被迫进入破产清算程序。

假设监管部门所计算的银行各期实际负债率 $d_t(t = 0, 1)$ 均基于第 0 期的资产价值，V_0（监管部门可以获得银行的历史资料或会计数据）计算而得，而不是根据资产的实际价格。其原因是，在实际操作中，银行根据市场价格调整资产价值（mark to market）一般不够及时[①]，我们所讨论的银行遭遇经济危机（债券价格下跌）的情形，监管部门仍必须根据会计数据要求银行补充资本或者减少债务。

对于情形一，即银行仅持有短期债券。如果经济出现危机，债券价格下跌，新发债券的面值会随之上升，这将导致实际负债率超过 d。此时，银行若

---

① 例如，在最近的这次美国次贷危机中，金融巨鳄雷曼兄弟（Lehman Brother）的投资者抱怨其没有根据市场价格及时对其资产价值进行调整，从而导致了巨大的损失。但是，雷曼兄弟却辩护说他们的确是按照行业标准根据资产市价进行调整，只是未达到投资者所要求的频率。

想满足监管部门的负债率上限要求，就必须在资产市场抛售资产偿还部分短期债务，以降低银行的实际负债率。我们假设资产市场会在 $t=1$ 期计算出银行的实际负债率之后立即开放。在本节的分析中，银行抛售资产获得的价格 p 假设为外生变量。我们将资产账面价值和资产实际价格之间的差异（ℓ）记为资产抛售的损失，即 $\ell = V_0 - p$。

对于情形二，即银行的资本结构中存在或有资本。当经济危机时，银行除了出售资产之外还可触发或有资本的转换：如果 $t=1$ 期银行的实际负债率 d_1 高于政府规定的上限 d，所有或有资本将全部转换为银行股本。我们将转换比率记为 c，即或有资本持有者对银行最终利润的索取比例为 c。这意味着转换或有资本会产生"稀释成本"，从而损害银行原有股东的利益。对于此情形，银行可以在出售资产和转换或有资本之间做出选择：如果第 1 期资产的市场价格足够高，银行以选择出售资产以满足最高负债率要求，而未必要转换或有资本。表 4.1 给出了本节刻画问题的时序（time line）。

表 4.1　　　时序

$t=0$	$t=1$	$t=2$
银行持有 1 单位资产进入经济。银行的资本结构存在两种可能的情形：1. 仅持有短期债券；2. 持有短期债券以及或有资本。	经济的可能走势确定下来。监管部门基于 V_0 决定银行的实际负债率 d_1 是否超过 d。银行随后决定选择抛售资产还是转换或有资本以补充股本，资产价格记为 p。	资产的最终收益实现，银行原有股东、债券投资者以及或有资本投资者获得各自的支付。

下面，我们将在资产价格外生给定的假设下，分别就仅持有短期债券以及同时持有短期债券和或有资本两种情形下，给出银行出现信用风险的条件与资产抛售的数量。

4.2.2　情形 I：银行仅持有短期债券，在困难时可抛售资产

我们将银行发行的短期债券在第 0 期的面值记为 D_0，因此，此时银行的初始股本为 $E_0 = V_0 - D_0$。

在第 1 期，如果经济出现危机，为了偿还到期债务，银行必须通过发行

新债获得现金给付旧债投资者。由于债券价格下跌，为了使得投资者达到盈亏平衡（break-even），银行将被迫提高债券的面值：从 D_0 提升到 D_1。由于债权人为风险中性，为了满足其个人理性约束（individual rationality constraint），我们需要 $D_1 = \dfrac{D_0}{\theta}$。此时的实际负债率 $d_1 = \dfrac{D_1}{V_0} = \dfrac{D_0}{\theta \cdot V_0}$。如果 $d_1 < d$，银行无须进行任何债务重组，当银行的初始债务水平（D_0）较低，或者资产遭受损失的可能性（$1-\theta$）较小时，会出现这种情形。为了分析银行出现信用风险的情况，在后面的讨论中，我们假设 $\dfrac{D_0}{\theta \cdot V_0} \geqslant d$。在此假设下，一旦经济出现危机，银行就必须通过出售资产偿还部分债务以满足负债率要求。

如果银行遭受经济冲击而导致资产贬值，由于资本结构中仅有短期债券，银行只能通过抛售资产偿还部分的债务。此时，银行通过出售资产所获收益为 $R = \phi \cdot p$，其中，ϕ 为出售资产的比例，p 为第 1 期的资产价格。银行通过出售资产偿还部分短期债券，此时第 1 期债券的面值变为 $D_1 = \dfrac{D_0 - \phi \cdot p}{\theta}$。为了满足最高负债率要求，我们需要 $\dfrac{D_1}{(1-\phi) \cdot V_0} = d$。

此外，如果经济危机过于严重，即使银行抛售全部资产也无法满足最高负债率要求时，银行将被迫进入破产程序。

我们用图 4.3 直观地描述上述资本重组过程。

基于银行资产负债表可能的调整方式，我们可以得到如下的命题。

命题 4.1：当经济陷入危机时，如果银行仅持有短期债券，银行为了满足最高负债率所需抛售资产的数量为（假设资产价格固定不变）：

$$\phi^* = \frac{D_0 - \mathcal{A}}{p - \mathcal{A}} \qquad (4-1)$$

其中，$\mathcal{A} \equiv d\kappa \cdot \theta V$。

另外，银行可以避免破产的条件为：资产抛售损失低于银行初始股本，即：

$$\ell \leqslant E_0 \qquad (4-2)$$

证明：

银行出售 ϕ 数量资产的获益为 $\phi \cdot p$，这部分收益用于偿还旧债，因此新

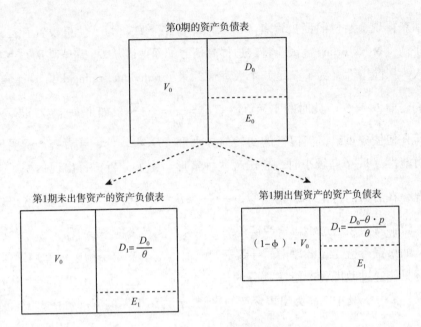

第0期的资产负债表

第1期未出售资产的资产负债表

第1期出售资产的资产负债表

图4.3 情形 I 中银行资产负债表的调整

债面值为 $D_1 = \dfrac{D_0 - \phi \cdot p}{\theta}$，此时银行的实际负债率为 $d_1 = \dfrac{D_1}{(1 - \phi) \cdot V_0} = $

$\dfrac{D_0 - \phi \cdot p}{\theta \cdot (1 - p) \cdot \kappa \cdot V}$。在监管部门负债率要求下，即 $d_1 = d$，我们可以求解得到

$\phi^* = \dfrac{D_0 - d\kappa \cdot \theta V}{p - d\kappa \cdot \theta V}$，即式（4 - 1）。另外，如果银行可以避免破产，要求 $\phi^* \leqslant$

1，整理可得，$V_0 - D_0 \geqslant V_0 - p$，即式（4 - 2）。

证毕。

命题 4.1 所给出的银行避免破产的条件非常直观：单位资产衡量的资产抛售损失必须低于单位资产衡量的银行股本。否则，银行出售的资产越多，其剩余的股本越少，因而更无力满足监管部门规定的负债率上限要求。

我们通过下面的数值例子 4.1 进一步直观地说明命题 4.1。

数值例子 4.1：

设定 $D_0 = 0.9$，$V = \dfrac{40}{19}$，$\epsilon = 0.1$，$\theta = 0.5$，$V_0 = 2$，$d = 0.8$。

如果经济陷入危机并且银行没有出售资产，我们有 $D_1 = \dfrac{D_0}{\theta} = \dfrac{9}{5}$，此时，$d_1 = \dfrac{D_1}{V_0} = 0.9 > d$。因此，为了满足最高负债率要求，银行必须以价格 p 出售部分资产，其出售量为 $\phi = \dfrac{D_0 - d\kappa \cdot \theta V}{p - d\kappa \cdot \theta V} = \dfrac{0.1}{1.2 - \ell}$。从而，第 1 期的债务面值变为：$D_1 = \dfrac{D_0 - \phi \cdot p}{\theta} = \dfrac{1.76 - 1.6\ell}{1.2 - \ell}$；$E_1 = \dfrac{0.44 - 0.4 \cdot \ell}{1.2 - \ell}$，资产负债表平衡了。银行的利润为：$\Pi_1 = \theta \cdot E_1 = \theta \cdot \big[\,(1 - \phi)\cdot V - D_1\,\big] = \dfrac{0.2 \cdot (1.1 - \ell)}{1.2 - \ell}$。

图 4.4 给出了该数值例子中，资产抛售损失如何影响资产出售数量和银行利润。

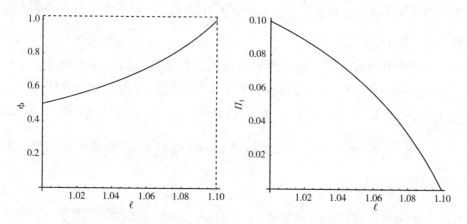

图 4.4　情形 I 中资产抛售损失对资产出售数量与银行利润的影响

基于命题 4.1，我们得到如下的比较静态分析结果。

推论 4.1：如果银行仅持有短期债券，当经济陷入危机时（假设资产价格固定不变），银行为了满足最高负债率所需抛售的资产量（ϕ^*）将随着：①最高负债率要求（d）的下降而上升；②抛售损失（ℓ）的上升而上升；③资产预期回报（θV）的上升而下降；④初始债务规模（D_0）的上升而上升。

证明：

由命题 4.1 中式（4 − 1），ϕ^* 分别对 d、ℓ、θV 和 D_0 求导即可得到推论 4.1 中的所有结果。

证毕。

4.2.3　情形Ⅱ：　银行同时持有短期债券和或有资本的情形

我们将银行发行的短期债券和或有资本在第 0 期的面值分别记为 D'_0 和 D^c。

为了与情形Ⅰ作比较，我们将 D_0 的取值大小设定为同情形Ⅰ中银行所持有债券的面值相同，即 $D_0 \equiv D'_0 + D^c$。在第 1 期，如果经济陷入危机，在银行尚未出售资产的前提下，银行发行新的短期债券面值将变为 $D'_1 = \dfrac{D'_0}{\theta}$。此时，银行的实际负债率为 $d_1 = \dfrac{D'_1 + D^c}{V_0}$。以下分析假设 $d_1 \geqslant d$，于是，银行必须采取措施补充资本金。

由于持有或有资本，银行除了通过出售资本偿还部分短期债务进行资本重组之外，还可以通过转换或有资本来补充银行股本。如果银行选择通过出售资产而不触发或有资本的转换，其资产的出售量为 $\phi^{nc} = \dfrac{D'_0 + \theta \cdot D^c - d\kappa \cdot \theta V}{p - d\kappa \cdot \theta V}$。此时，当且仅当 $p \geqslant D'_0 + \theta \cdot D^c$ 时，这种补充股本的方式才是可行的。

如果银行选择转换或有资本①，并且 $\dfrac{D'_0}{\theta \cdot V_0} \leqslant d$，那么银行无须出售资产便可满足负债率上限要求；如果 $\dfrac{D'_0}{\theta \cdot V_0} \geqslant d$，除需转换或有资本外，银行还需要进一步出售部分资产以满足 d。如果银行在触发或有资本转换后还需出售资产，根据命题 4.1，资产的出售量为 $\phi^c = \dfrac{D'_0 - d\kappa \cdot \theta V}{p - d\kappa \cdot \theta V}$。我们用图 4.5 表示情形Ⅱ下银行资产负债表的变化。

基于银行资产负债表可能的调整方式，我们可以得到如下的命题。

---

① 此时，如果我们将或有资本转换价格记为 q，那么，或有资本的转换率可以表示为 $c = \dfrac{D^c/q}{E_1}$。

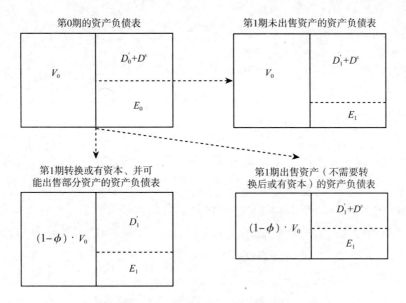

图 4.5 情形 II 中银行资产负债表的调整

命题 4.2：如果银行同时持有短期债券和或有资本，当经济陷入危机时，银行可以避免破产的条件为（假设资产价格固定不变）：

$$\ell \leq E_0 + D^c \qquad (4-3)$$

即资产抛售损失低于银行初始股本和或有资本面值之和。

此外，如果银行能够避免破产，并且资产市场的价格满足 $p \geq D_0' + \theta \cdot D^c$，那么，银行既可以通过抛售资产满足监管部门的负债率上限要求，也可以通过转换或有资本满足这一要求。此时，银行选择抛售资产以避免或有资本的转换的条件是：

$$\frac{\theta \cdot D^c}{E_0 + D^c - \ell} \leq c \qquad (4-4)$$

否则，银行将选择转换或有资本，同时抛售部分资产。

证明：

如果银行仅抛售资产，由命题 4.1 易知，此情况下避免破产的条件为：$\ell \leq E_0 + (1-\theta)D^c$；如果银行转换或有资本，并且出售部分资产，此时避免破产的条件为：$\ell \leq E_0 + D^c$。取上述两个条件的并集，即式（4-3）。另外，银行仅抛售资产的利润为 $\Pi^{nc} = \theta \cdot \left[(1-\phi^{nc}) \cdot V - D_1'^{,nc} - D^c \right] = \frac{\theta V - \mathcal{A}}{p - \mathcal{A}} \cdot$

$\left[\dfrac{p - D_0'}{p - \mathcal{A}} - \theta \cdot D^c \right]$；银行转换或有资本并出售部分资产的利润为 $\Pi^c = \theta \cdot (1 -$

$c) \cdot [(1 - \phi^c) \cdot V - D_1'^{,c}] = \dfrac{p - D_0'}{p - \mathcal{A}} \cdot (1 - c) \cdot (\theta V - \mathcal{A})$。令 $\Pi^{nc} \geqslant \Pi^c$，即可得

到式（4 – 4）。

证毕。

对于命题 4.2 给出的银行避免破产的条件，我们仍然可以将银行资产作为基准加以理解。也就是说，如果银行能够在经济危机时存活下来，那么以单位资产衡量的抛售损失必须低于单位资产衡量的银行股本和或有资本之和。

如果银行能够成功避免破产，由于或有资本的转换将导致稀释银行既有股东的利益，当资产价格较高时，银行可能愿意抛售资产而避免将或有资本转化为新的股本。这一条件的直观含义是，银行转换或有资本所需付给新股东的当前收益 $(c \cdot (E_0 + D^c - \ell))$ 高于不转换或有资本而付给或有资本持有者的未来预期收益 $(\theta \cdot D^c)$。

通过比较命题 4.1 和命题 4.2 所给出避免破产的条件，我们可以清楚地看出当银行持有或有资本后，其破产的风险降低了。原因如下。在命题 4.1 和命题 4.2 中，银行的初始股本 E_0 相同。不同的是在命题 4.2 中，银行的资本结构中存在或有资本，这使得银行能够承受更大的冲击：即使资产抛售损失超过初始股本，银行仍可以维持运营（在命题 4.1 中，银行则将被迫进入破产程序）。因此，只有当资产抛售损失超过银行股本和或有资本面值之和时，银行才会破产。

推论 4.2：在债务总量一定并且资产价格固定不变的情况下，当经济陷入危机时，银行可以通过持有或有资本降低其破产的风险。并且，或有资本占银行债务总量的比例越高，银行破产的可能性越低。

证明：

当银行仅持有短期债券时，其避免破产的条件为：$\ell \leqslant E_0$；当银行同时持有短期债券和或有资本时，其避免破产的条件为：$\ell \leqslant E_0 + D^c$。由于两个条件中 E_0 相同，因此银行同时持有短期债券和或有资本时的条件更易满足，并且随着银行持有的或有资本量 D^c 的上升，该条件更易成立。

证毕。

下面，我们沿用上一节中数值例子的参数，再给出两个例子以求进一步直观地理解命题 4.2 和推论 4.2。其中，数值例子 4.2 的情形为转换或有资本后刚好满足监管部门制定的最高负债率要求，因而无须再进一步抛售资产，这同时意味着无论资产抛售损失多严重，银行都可以通过转换或有资本而避免破产；数值例子 4.3 的情形为银行在转换或有资本后仍需抛售一些资产，才能够满足负债率要求。

数值例子 4.2：

设定 $D_0' = 0.8$，$D^c = 0.1$，$V = \dfrac{40}{19}$，$\epsilon = 0.1$，$\theta = 0.5$，$V_0 = 2$，$d = 0.8$

如果经济陷入危机并且银行没有补充银行资本，我们有：$D_1' = \dfrac{D_0'}{\theta} = \dfrac{8}{5}$。此时，实际负债率变为 $d_1 = \dfrac{D_1' + D^c}{v_0} = 0.85 > d$。为了满足最高负债率要求，银行需要出售部分资产或者转换或有资本以补充资本金。

如果银行选择出售资产以避免或有资本的转换，资产的价格必须大于 $D_0' + \theta \cdot D^c$。在本例中，该临界值为 0.85，这意味着抛售资产的损失必须低于 1.15。此时，$\phi^{nc} = \dfrac{D_0' + \theta \cdot D^c - d\kappa \cdot \theta V}{p - d\kappa \cdot \theta V} = \dfrac{0.05}{1.2 - \ell}$，$D_1' = \dfrac{D_0' - \phi \cdot p}{\theta} = \dfrac{1.72 - 1.5 \cdot \ell}{1.2 - \ell}$；由于银行未转换或有资本，其预期利润为 $\Pi^{nc} = \theta \cdot [(1 - \phi^{nc}) \cdot V - D_1' - D^c] = \dfrac{20}{19} \cdot \dfrac{0.276 - 0.24 \cdot \ell}{1.2 - \ell}$。

如果银行选择转换或有资本，由于 $d_1 = \dfrac{D_1'}{V} = 0.8 = d$，因此，银行无须再出售任何资产。此时，银行的预期利润为 $\Pi^c = \theta \cdot (1 - c) \cdot [V - D_1'] = \dfrac{20}{19} \cdot (1 - c) \cdot 0.24$。

因此，银行选择抛售资产而避免或有资本转换的条件为 $c \cdot (1.2 - \ell) \geqslant 0.05$。当或有资本转换率 $c = 0.5$，我们可以得到图 4.6 中银行补充资本通过抛售资产或者转换或有资本的边界条件。

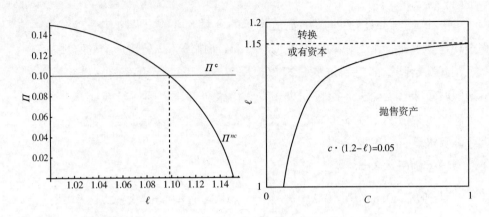

图 4.6　资产价格外生时，银行补充资本的选择（或有资本持有量足够多）

数值例子 4.3：

设定 $D_0' = 0.85$，$D^c = 0.05$，$V = \dfrac{40}{19}$，$\epsilon = 0.1$，$\theta = 0.5$，$V_0 = 2$，$d = 0.8$。

注意到，由于 $d_1 = \dfrac{D_1'}{V} = 0.85 > d$，在目前这组参数下，即使转换全部或有资本，银行仍需卖出部分资产才可能满足最高负债率要求。

如果银行选择抛售资产而避免或有资本的转换，资产的价格必须高于 $D_0' + \theta \cdot D^c = 0.875$，相应的资产抛售损失必须低于 1.125。此时，银行资产抛售数量为 $\phi^{nc} = \dfrac{D_0' + \theta \cdot D^c - d\kappa \cdot \theta V}{p - d\kappa \cdot \theta V} = \dfrac{0.075}{1.2 - \ell}$，新债面值为 $D_1' = \dfrac{D_0' - \phi \cdot p}{\theta} = \dfrac{1.74 - 1.55 \cdot \ell}{1.2 - \ell}$，银行的预期利润为 $\Pi^{nc} = \theta \cdot \left[(1 - \phi^{nc}) \cdot V - D_1' - D^c \right] = \dfrac{20}{19} \cdot \dfrac{0.27 - 0.24 \cdot \ell}{1.2 - \ell}$。

如果银行选择转换或有资本，银行仍需抛售部分资产，其出售数量为 $\phi^c = \dfrac{D_0' - d\kappa \cdot \theta V}{p - d\kappa \cdot \theta V} = \dfrac{0.05}{1.2 - \ell}$，相应的新债面值变为 $D_1' = \dfrac{D_0' - \phi \cdot p}{\theta} = \dfrac{1.84 - 1.6 \cdot \ell}{1.2 - \ell}$。此时，银行的预期利润为 $\Pi^c = \theta \cdot (1 - c) \cdot \left[(1 - \phi^c) \cdot V - D_1' \right] = \dfrac{20}{19} \cdot (1 - c) \cdot \dfrac{0.276 - 0.24 \cdot \ell}{1.2 - \ell}$。

在本例中，银行破产的条件为 $\ell > E_0 + D^c = 1.15$；如果银行可以避免破产，其选择抛售资产而避免或有资本转换的条件为 $c \cdot (1.15 - \ell) \geqslant 0.025$。

我们可以利用图 4.7 直观刻画银行补充资本两种选择的边界条件，以及破产与否的条件。

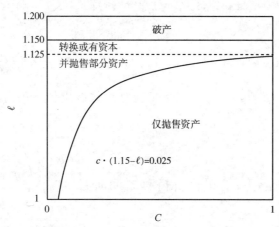

图 4.7　资产价格外生时，银行补充资本的选择（或有资本持有量不足）

4.3　扩展模型：资产价格内生决定的情形

在本节的分析中，在基本经济环境的设定不变的前提下，我们将外部投资者引入资本市场，从而允许资产价格内生决定。此时，资产价格会随着资产抛售量的上升而不断下降。

4.3.1　资本市场

在第 1 期，如果经济出现危机，导致资产价值遭受损失，银行将被迫抛售资产以重组其资本结构。此时，外部投资者将作为资产的买方进入市场。我们假设这些投资者是竞争性的，并且具有均值—方差效用函数，即：

$$u(\tilde{V}) = \blacksquare(\tilde{V}) - \frac{\gamma}{2} \cdot \blacksquare(\tilde{V}) \qquad (4-5)$$

此时，给定资产的抛售数量（资产供给量）为 ϕ，资产的价格为 $p(\tilde{V}) =$

$\blacksquare(\tilde{V}) - \gamma \cdot \phi \cdot \blacksquare(\tilde{V})$。对于本书所设定的经济环境，由于经济下行时，资产的收益分布为二项分布，因此，资产价格为：

$$p(\tilde{V}) = \theta V \cdot (1 - \hbar \cdot \phi) \tag{4-6}$$

其中，$\hbar = \gamma \cdot (1-\theta) \cdot V$。假设 $\hbar \leq 1$，以保证资产的价格始终为正。

为了保证本节的分析有意义，我们对参数做出如下限定：$d \leq \dfrac{D_0}{\theta V_0} \leq \dfrac{1}{\kappa}$；$1 - d \geq 2\sqrt{\hbar}$。

4.3.2　情形Ⅰ：　银行仅持有短期债券

同上一节相同，我们首先讨论银行的资本结构中仅包含短期债券的情形。下面的命题给出了在资产价格内生决定的情况下，银行为了满足负债率上限要求需要抛售的资产数量以及避免破产的条件。

命题 4.3：对于资产价格内生的情形，如果银行仅持有短期债券，当经济陷入危机时，银行为了满足最高负债率所需抛售资产的数量为：

$$\phi^* = \frac{(1 - d\kappa) - \sqrt{\Delta}}{2\hbar} \tag{4-7}$$

其中，$\Delta = (1 - d\kappa)^2 - 4\hbar \cdot \left(\dfrac{D_0}{\theta V} - d\kappa\right)$。此时，银行避免破产的条件为：

$$\frac{E_0}{V_0} \geq 1 - \frac{\theta}{\kappa} \cdot (1 - \hbar) \tag{4-8}$$

证明：

利用命题 4.1 的结果，我们将式（4-6）代入式（4-1），即可得到 ϕ^* 的表达式①，即式（4-7）。在 $\phi^* \leq 1$ 的条件下，我们可以得到式（4-8）。

证毕。

通过比较命题 4.1 和命题 4.3，我们不难发现两者间的相似性。在资产价

①　为了保证 ϕ^* 始终小于 1，我们舍去其中一解。

格内生决定的情况下，银行避免破产的条件变为银行初始股本高于初始资产价值的某一比例（即，$1 - \dfrac{\theta}{\kappa} \cdot (1 - \hbar)$）。该比例同资产市场投资者的风险态度（$\gamma$）、经济的波动程度（$\epsilon$ 与 θ）相关。

基于命题 4.3，我们可以进一步得到如下推论。

推论 4.3：对于内生资产价格的情形，如果银行仅持有短期债券，当经济陷入危机时，银行为了满足最高负债率所需抛售的资产量（ϕ^*）将随着：①最高负债率要求（d）的下降而上升；②初始债务规模（D_0）的上升而上升。

证明：

命题 4.3 中的式（4-7）分别对 d 和 D_0 求导，即可得到全部结果。

证毕。

同样，推论 4.3 与推论 4.1 十分相似，即监管部门制定更严格最高负债率上限会增大银行资产的抛售量，并且单一的负债率上限要求（资本监管要求）无法有效地防控银行的信用风险。

下面，我们讨论银行同时持有短期债券和或有资本的情形。

4.3.3　情形Ⅱ：　银行同时持有短期债券和或有资本的情形

以下命题给出了在资产价格内生决定的情况下，银行同时持有短期债券和或有资本时，银行能够避免破产的条件，以及银行是否触发转换或有资本转换的条件和相应的资产抛售数量。

命题 4.4：对于资产价格内生的情形，如果银行同时持有短期债券和或有资本，当经济陷入危机时，银行可以避免破产的条件为：

$$\frac{E_0 + D^c}{V_0} \geqslant 1 - \frac{\theta}{\kappa} \cdot (1 - \hbar) \tag{4-9}$$

此时，银行将选择抛售更多的资产以避免或有资本的转换的条件是：

$$\frac{(1 - c) \cdot \sqrt{\Delta^c} - \sqrt{\Delta^{nc}}}{(2\hbar + d - 1)} \geqslant c \tag{4-10}$$

这种情形下银行的资产抛售数量为：

$$\phi^{nc*} = \frac{(1 - d\kappa) - \sqrt{\Delta^{nc}}}{2h} \qquad (4-11)$$

否则，银行将转换或有资本并抛售部分资产，其资产抛售的数量为

$$\phi^{c*} = \frac{(1 - d\kappa) - \sqrt{\Delta^{c}}}{2h} \qquad (4-12)$$

其中 $\Delta^{nc} = (1 - d\kappa)^2 - 4h \cdot \left(\frac{D_0' + \theta \cdot D^c}{\theta V} - d\kappa \right)$；$\Delta^{c} = (1 - d\kappa)^2 - 4h \cdot \left(\frac{D_0'}{\theta V} - d\kappa \right)$。

证明：

因同命题 4.3 的证明类似，故略。

我们可以通过比较命题 4.3 与命题 4.4 中银行避免破产的条件，得到如下推论。

推论 4.4： 对于内生资产价格的情形，在债务总量一定的情况下，当经济陷入危机时，银行可以通过持有或有资本降低其破产的风险。并且，或有资本占银行债务的总量越高，银行破产的可能性越低。

证明：

通过比较式（4-8）与式（4-9），不难看出，当银行持有或有资本（D^c）时，其避免破产的条件会更容易实现，并且该条件会随着 D^c 的增加而变得更为宽松。

证毕。

在本节的分析中，我们通过引入资本市场，放松了基础模型中资产价格外生给定的假设，从而将基础模型中的绝大部分结果扩展到资产价格内生决定的情形，这表明本书理论分析结果具有较强的稳健性。

4.4　本章总结

本章通过构建一个简单的多期模型，讨论银行持有或有资本对于降低自

身信用风险、减少资产抛售量和增强市场稳定性的作用。

　　本章首先假设资产价格是外生给定的。如果经济陷入危机，由于资产的实际价值下跌，导致银行在对短期负债展期时，必须提高债券面值，从而导致实际负债率超过监管部门的负债率上限要求。此时，银行必须补充资本金以降低负债率。本章识别出银行选择两种资本补充方式（资产抛售和触发或有资本转换）的条件，并据此得出或有资本可以有效地降低银行信用风险的重要结论。然后，本章通过引入资本市场将资产价格内生化，进一步验证了之前所得到的理论分析结果的稳健性。

第 5 章　银行有限承诺能力
与过度风险承担

5.1　导　　言

　　金融机构吸收过度的风险是造成金融危机的重要原因之一。从 2007 年延续到 2009 年的美国次贷危机，便以一种极端的方式令人深刻地体会到了这一点。在这次危机中，宽松的信贷政策使得金融机构向许多信用水平很低的个人提供固定资产按揭贷款，并基于这些贷款进行资产证券化，制造并持有大量的抵押贷款支持证券（mortgage-backed securities，MBS）。为了满足一些长期投资机构购买资产的评级要求，金融机构在证券化过程中力图降低其违约风险，以求最大化出售这些衍生证券所能够获得的收益。但是，事后来看，这些衍生产品的违约风险远远高于评级机构所估算的水平。随着固定资产价格的下跌，贷款人出现违约的情况越来越普遍，而基于这些贷款所衍生出来的金融产品的价格也随之不断下降，金融机构所持有资产的市场价值严重缩水。这导致很多银行无法从诸如回购（repo）以及资产支持商业票据（asset-based commercial papers，ABCP）等短期借贷市场进行融资，市场流动性和资金流动性同时消失，进而迫使这些银行进入破产清算程序，而这些破产的银行中甚至包括雷曼兄弟（Lehman Brother）和贝尔斯登（Bear Sterns）等金融巨鳄。

　　此外，在发生次贷危机之前，金融机构融资利率的期限结构也显现出非同寻常的变化。其具体表现为：短期融资利率较低，而长期融资利率则较高，这使得长短期融资利率在很长的一段时间内保持着较高的利差水平。图 5.1 显示了在 2002 年初直至 2007 年中期危机逐渐显现的这段时期，美国金融机构所发行的 30 天和 90 天期限商业票据利差的走势①。在图 5.1 中，最为显著的特征是：在从 2004 年中期至 2006 年中期长达两年的时间内，商业票据利差一直保持为正，并且在这段时期中，正利差的幅度一直维持在较高的水平。从图 5.1 中我们还可以发现，这种持续为正利差的现象在之前的两年并未出现：从 2002 年到 2004 年中期，商业票据的利差一直在零附近波动，尽管与负利差的情形相比，出现正利差的时期相对较长，但利差为正的幅度也远低于危机发生前两年的正利差幅度。

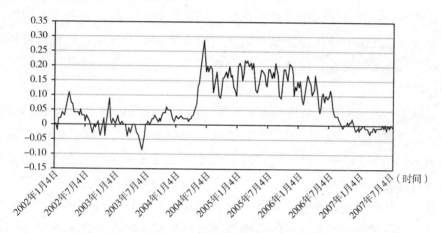

图 5.1　2002 ~ 2007 年间美国 30 天和 90 天期限的金融商业票据利差走势

　　基于上面一系列的观察和事实，一个自然的问题是：究竟是什么原因促使这些银行选择高风险资产进行投资？并且，银行的风险承担水平同其融资利率期限结构之间的关系为何？具体而言，长短期融资利率长期维持在一个较高的正利差水平同银行过度承担风险之间是否存在着某种必然的关联？

　　本章试图说明：当竞争性的银行通过债权方式进行融资时，如果银行可以自主选择资产的收益和风险组合，并且，在提供融资合同时，银行无法对资金的使用向投资者做出有效的承诺②，那么，均衡时银行所选择的长期资产

----

　　① 　数据来自美国联邦储备委员会(Board of Governors of the Federal Reserve System)所发布的相关资料。
　　② 　本章所谓的"银行的有限承诺能力"即为此意。银行之所以无法向投资者许诺其未来的投资选择，其原因在于银行拥有对不同资产进行甄别和管理的特殊技能（这也是为什么投资者愿意将资金交给银行代为管理）。因此，对于投资者来说，他们无法直接了解到银行所投资资产的质量。这种银行资产的信息不对称性便是造成银行有限承诺能力最为直接的原因。

风险将高于社会最优的风险水平。此时，均衡的短期融资利率过低，而长期融资利率则过高。

在本章所讨论的经济环境中，投资者在未来将面临流动性冲击（liquidity shock），也就是说，投资者可能由于某种原因被迫提前消费。如果经济中不存在任何摩擦，并且，银行可以对其资产选择做出可置信的承诺，那么银行便可以作为投资者的有效代理人，在不同消费偏好的投资者之间实现最优的风险分担。在此情形下，银行部门所面临的优化问题同某个以最大化社会福利为目标的中央机构的优化问题相同。此时，为受到流动性冲击的投资者提供的最优消费量将高于自给自足的消费水平，并且，资产长期收益具有不确定性，即最大化社会福利的长期资产将令投资者承担一定的风险。

当银行无法向存款者做出有效的承诺时，银行便偏好承担过度的风险，这便是经典的由于债券融资所导致的"风险转移"（risk-shifting）问题（Jensen and Meckling, 1976）。为了降低银行过度承担风险的激励，则必须对银行所提供的储蓄合同加以扭曲，这将使得存款者之间的风险分担也随之扭曲，从而造成社会总福利的下降。因此，在存在银行道德风险的情况下，为提前消费的存款者提供的均衡消费量将低于社会最优水平（短期存款利率过低），而对于延迟消费存款者的均衡消费量则高于社会最优的水平（长期存款利率过高）；在经济达到均衡时，银行所选择的长期资产风险也将高于社会福利最大化时所选择资产的风险。因此，本章所提供的分析框架，可以同时解释上面所提到两个现象：银行承担过度的风险以及长期为正的融资利差。

那么，对于银行具有风险转移动机的情形，监管部门应该如何制定相关政策以降低银行资产的风险？本章提出了一种新颖的政策目标：对银行融资的利率期限结构加以规制。监管部门通过调整短期消费和长期消费的相对比例，可以促使银行所选择的长期资产风险水平恢复到最优资源配置情形的水平。同时，由于银行所处的环境是竞争性的，因此，此时的储蓄合同也将最大化存款者的效用。

引入流动性冲击用以解释银行功能的经典文献当属戴蒙德和迪布维格（Diamond and Dybvig, 1983）的论文，本章分析的基本框架也是基于这篇文章的模型。戴蒙德和迪布维格证明，当经济达到均衡时，银行提供的最优储蓄合同可以复制社会最优的资源配置，但是同时，这一储蓄合同还可能导致另外一个存在"银行挤兑（bank runs）"不好的均衡。同戴蒙德和迪布维格的文章相比，本章并不将银行挤兑现象作为重点。本章主要讨论当存在流动性冲击的情况下，银行的过度风险承担问题。在模型的设定上，本章的长期资产收益具有不确定性，并且银行可以自由选择资产的收益和风险组合；而在戴蒙德和迪布维格的文章中，长期资产的收益是外生给定的，并且是固定的、无风险收益。

胡贝尔曼和瑞普洛（Huberman and Repullo，2011）所设定的长期资产结构同本章十分相近，但是，该文主要讨论债务的期限（maturity）结构对于银行风险承担的影响。陈业宁（Chen，1999）的文章同样在戴蒙德和迪布维格（Diamond and Dybvig，1983）的框架下讨论银行的道德风险问题，研究序贯服务规则（first-come first-served rule）以及投资者之间信息的外部性对于银行挤兑的影响。戈德斯坦和鲍兹内（Goldstein and Paunzer，2005）则是在一个全域均衡（global games）的框架下，解决戴蒙德和迪布维格文章中的多重均衡问题，并在此基础上给出考虑到银行挤兑发生概率的最优储蓄合同。与戈德斯坦和鲍兹内的文章相比，本章则给出了存在银行过度风险承担的道德风险问题时的均衡储蓄合同，并同社会最优的情形加以比较。

国内关于银行风险承担的文献大多以实证为主，同本章结果最相关的三篇文章是张雪兰和何德旭（2012）、江曙霞和陈玉婵（2012）以及徐明东和陈学彬（2012）。这三篇文章均是利用中国商业银行的数据讨论了货币政策对银行风险承担行为的影响，并得到了类似的实证结果：扩张性的货币政策（实际利率和准备金率的降低）会加剧银行的风险承担。相较于这三篇实证文章，本章则是通过理论模型讨论银行融资的利率期限结构和银行风险承担之间的关系，并据此进一步提出监管部门可以利用货币政策对该期限结构加以规制，从而抑制银行过度承担风险的冲动。

5.2 基本模型

5.2.1 经济环境

本章的基本模型设定主要基于戴蒙德和迪布维格（Diamond and Dybvig, 1983）的分析架构，但是允许银行自由选择其投资资产的收益和风险。

在本章设定的环境中，经济将运行 3 期：第 0、第 1、第 2 期。在第 0 期，单位为 1 并且为连续统的存款者进入经济。每位存款者在第 0 期拥有 1 单位禀赋，而在第 1、第 2 期则没有任何禀赋。初始时刻，所有存款者都是相同的。但是，在第 1 期期初，每位存款者将获得关于其偏好的信息：以 η 的概率，该存款者成为不耐心的消费者，仅愿意在第 1 期消费；以 $1-\eta$ 的概率，该存款者成为耐心的消费者，仅愿意在第 2 期消费。根据大数定理（law of large number），在第 1 期期初，整体经济中不耐心消费者的比例为 η，而耐心消费者的比例则为 $1-\eta$。假设只有存款者自己知道其消费的类型，即消费偏好为耐心或者不耐心是存款者的私人信息。

我们用 $u(c)$ 表示消费者的即期效用函数，并且假设该效用函数连续并二次可导，对消费水平 c 单调递增。对于任意的 $c \geqslant 1$，其相对风险厌恶系数，$-\dfrac{c \cdot u''(c)}{u'(c)}$，大于 1。因此，对于代表性存款者 i 来说，其效用函数为：$u_i(c_1, c_2) = \eta \cdot u(c_1) + (1-\eta) \cdot u(c_2)$，其中 c_1 表示第 1 期的消费水平，c_2 表示第 2 期的消费水平。在下文的分析中，处于简便的考虑，我们假设 $u(c) = \dfrac{c^{1-\gamma}}{1-\gamma}$，其中 γ 为相对风险厌恶系数，假设 $\gamma \geqslant 1$。

在第 0 期，经济中存在一种风险资产可供银行部门进行投资，并且银行可以选择该资产的风险和收益。具体来说，如果银行在第 0 期投资 1 单位该风险资产，并且持有该资产直至第 2 期，那么该资产的所产生的消费量为 $\tilde{R}$ 单位，其中 $\tilde{R}$ 为随机变量：以 $p(R)$ 的概率，$\tilde{R}$ 等于 $R, R \geqslant 1$；以 $1-p(R)$ 的概率，$\tilde{R}$ 等于 1；并且 $p(1) = 1$，$p'(R) < 0$。注意到，这里我们假设银行部门可以选择风险资产的收益 R，由于函数 $p(R)$ 的形式为外生给定，这意味着银行在选择资产收益的同时，也选择了资产的风险：在 $p'(R) < 0$ 的假设下，高收益的资产也意味着高风险，即获得高收益的概率会随着收益水平的上升而下降。

如果银行在第 1 期便将该资产提前清算，该资产则会产生 1 单位的消费量[①]。因此，我们可以用如下形式表示该风险资产：

第 0 期	第 1 期	第 2 期
-1	$\begin{cases} 1 \\ 0 \end{cases}$	$\begin{cases} 0 \\ \tilde{R} \end{cases}$

此外，假设所有的存款者均可以将消费从第 t 期无成本地转移到第 $t+1$ 期（$t = 0$，1），这意味着即使在自给自足的情况下[②]，存款者也可以获得 $u(1)$ 的效用水平，这实际上给出了存款者可以实现的效用水平的下界。特别地，尽管耐心存款者只关心第 2 期的消费，但是，如果他们担心银行部门存在较高的破产风险，耐心存款者可以选择在第 1 期便将消费从银行取出来，并储存到第 2 期。这便给银行挤兑提供了可能。

我们假设存款者不能直接投资于风险资产，只能间接地通过银行加以投资[③]。对于该假设可以通过如下的理由加以解释：由于资产市场存在逆向选择问题，单一存款者并不具备银行所拥有的甄别资产质量的特殊技能，因此，如果存款者不通过银行而直接投资风险资产，其期望收益将低于自给自足下

---

① 这里，我们将资产获得低收益标准化为 1，这只是一个简化假设。实际上，我们可以允许破产成本（τ）的存在，即该资产以 $1 - p(R)$ 的概率获得 $1 - \tau$，其中 $0 \leqslant \tau < 1$，后面所有的结论依然成立。

② 在 $p(1) = 1$ 的假设下，银行实际上可以选择投资无风险的资产，该资产的收益结构同投资者所拥有的无成本消费转移技术的支付结构相同。但是，我们可以证明，一般而言，投资这种无风险资产不是社会最优的。

③ 除此之外，还可能存在其他原因使得投资者必须通过银行才能够投资风险资产。例如，银行能够通过多样化投资而分散风险（Pyle，1971）；再如，银行能够作为投资人的代理人对资产实际的管理者加以监督，从而节省监督成本（Diamond，1984）；或者是，更简单的，由于相关监管部门政策的限制而不允许某些投资者直接投资风险资产，如共同基金、养老基金等，监管部门对这些金融机构的可投资资产都有相应的评级限制。

的固定收益，即$u(1)$的效用水平。

由于风险资产的收益占优于消费者在自给自足下可以获得的回报，而消费者又无法直接投资到风险资产中，这便为银行部门作为资金运转中介提供了空间。下一小节将讨论社会最优情况下的资源配置以及相关性质，以此作为基础，为后面探讨银行过度风险承担提供比较的基准。

5.2.2　社会最优的资源配置

如果存款者的类型是可以直接观测到的，我们假设存在一个中央机构，该机构在第 0 期从存款者手中吸收禀赋，并将其投资到风险资产，同时最优地选择资产的收益和风险，并且根据第 1 期存款者类型的实现值提供消费计划：$(c_1; \tilde{c}_2) = (c_1^1, c_1^2, \tilde{c}_2^1, \tilde{c}_2^2)$，其中 c_1^1 和 c_1^2 分别为中央机构为选择在第 1 期消费的不耐心和耐心的存款者提供的消费计划；$\tilde{c}_2^1$ 和 $\tilde{c}_2^2$ 分别为选择在第 2 期消费的不耐心和耐心存款者的消费计划。注意到，由于风险资产在第 2 期的收益具有不确定性，因此消费计划中第 2 期的消费水平 $\tilde{c}_2$ 也是不确定的：给定 c_1，$\tilde{c}_2$ 会根据 $\tilde{R}$ 的实现值而变化。根据以上对经济环境的描述，该中央机构将选择风险资产以及提供消费计划以最大化消费者在第 0 期的预期效用。

$$\underset{c_1,\ \tilde{c}_2;R}{\text{Max}}\ \eta \cdot \left[\frac{c_1^{1\,1-\gamma}}{1-\gamma} + \blacksquare\ \tilde{c}_2^{\,1}\left(\frac{\tilde{c}_2^{\,1\,1-\gamma}}{1-\gamma}\right)\right] + (1-\eta) \cdot \left[\frac{c_1^{2\,1-\gamma}}{1-\gamma} + \blacksquare\left(\frac{\tilde{c}_2^{\,2\,1-\gamma}}{1-\gamma}\right)\right]$$

$$\text{s.t.}\quad \eta \cdot \left(c_1^1 + \frac{\tilde{c}_2^{\,1}}{\tilde{R}}\right) + (1-\eta) \cdot \left(c_1^2 + \frac{\tilde{c}_2^{\,2}}{\tilde{R}}\right) = 1 \tag{5-1}$$

在求解上述规划问题之前，我们可以先做一些直观的理解和分析。从第 0 期看，存款者的消费类型是不确定的，因此中央机构的目标函数是最大化存款者在两种不同情况（耐心或者不耐心）下的预期效用函数。由于中央机构在第 1 期可以直接观测到存款者的消费类型，这意味着该中央机构可以根据存款者类型提供消费计划，无须考虑存款者之间的激励相容问题：即某种消费类型的存款者是否有动机伪装成其他类型的存款者以获取相应的消费量。

在后面讨论社会最优配置的相关性质时，我们可以证明，中央机构提供的社会最优消费计划实际上是满足激励相容约束的。

因此，对于中央机构来说，其所面临的约束只有资源约束，即给定存款者禀赋，其所提供消费计划必须是可行的。通过求解中央机构最大化社会福利的最优化问题，我们可以得到如下的命题。

命题 5.1：社会最优的资源配置要求：

$$c_1^{1^{FB}} = \frac{1}{\eta + (1-\eta) \cdot \phi^{\frac{1}{\gamma}}} \tag{5-2}$$

并且，$\tilde{c}_2^{\,1} = c_1^2 = 0$；$\tilde{c}_2^{\,2^{FB}} = \frac{1 - \eta \cdot c_1^{1^{FB}}}{1-\eta} \cdot \tilde{R}$。

其中，$\phi = p(R) \cdot R^{1-\gamma} + [1-p(R)] < 1$；并且社会最优的风险资产收益 R^{FB} 由下式决定：

$$\varepsilon_{p(R)} \big|_{R=R^{FB}} = \frac{\gamma - 1}{R^{FB\gamma-1} - 1} \tag{5-3}$$

其中，$\varepsilon_{p(R)} = -\frac{\mathrm{d}p(R)/p(R)}{\mathrm{d}R/R}$，为风险资产获得高收益概率对于该收益水平的弹性。

证明：

很显然，$c_1^2 = 0$，因为不耐心存款者不会从第二期的消费中获得任何效用。如果 $\tilde{c}_2^{\,1} > 0$，这意味着要额外清算一些长期资产以满足一些耐心存款者的消费需求。但是，长期资产预期收益占优于其提前清算的收益，并且耐心消费者只在乎第 2 期收益，因此，提前清算长期资产对于全社会来说是无效率的，因此，$\tilde{c}_2^{\,1} = 0$。此时，一阶条件代入目标函数，并加以整理，中央机构的最优化问题变为：

$$\max_{c_1^1; R} \eta \cdot \frac{c_1^{1-\gamma}}{1-\gamma} + (1-\eta) \cdot \left[\frac{\left(\frac{1 - \eta \cdot c_1^1}{1-\eta} \right)^{1-\gamma}}{1-\gamma} \right] (p(R) \cdot R^{1-\gamma} + [1-p(R)])$$

该问题的一阶条件为：$c_1^{1-\gamma} + (p(R) \cdot R^{1-\gamma} + [1-p(R)]) \cdot \left(\frac{1-\eta \cdot c_1^1}{1-\eta} \right)^{-\gamma} = 0$；$p'(R) \cdot (R^{1-\gamma}-1) + (1-\gamma) \cdot p(R) \cdot R^{-\gamma} = 0$。

进一步整理，即可得到命题 5.1 的结果。

证毕。

命题 5.1 给出了社会福利最大化情形下的资源配置情况，我们可以对该命题做出直观的解释。首先，由于不耐心存款者只在乎第 1 期的消费，第 2 期的消费不会给不耐心存款者带来任何效用，因此，社会最优的消费水平一定有 $\tilde{c}_2^1 = 0$。另外，中央机构必须提前清算风险资产以满足存款者第 1 期的消费，但是风险资产第 2 期的期望收益高于其清算价值，因此，社会最优配置要求风险资产的清算量尽可能减少。有两种办法可以实现这一要求：或者降低第 1 期需要支付的消费水平；或者降低第 1 期消费的人数。前者涉及存款者之间最优的风险分担问题，改变第 1 期的消费一定会影响整体的社会福利。对于后者来说，不耐心存款者在第 1 期的消费需求是刚性的，无法改变，因此只能将耐心存款者的消费延迟。由于耐心存款者消费偏好是在第 2 期，尽管风险资产最终的收益是随机的，但是只要通过减少风险资产的清算量，提高第 2 期的期望消费量，推迟耐心存款者的消费是不会影响他们的福利水平的。因此，在社会最优的配置下，$c_1^2 = 0$。

由于风险资产的期望收益高于存款者自给自足下的转移技术所带来的支付，并且在第 0 期，存款者并不知道其未来消费偏好的实现值，因此，在最优配置下，中央机构为不耐心存款者提供的消费水平（$c_1^{1^{FB}}$）将大于 1。这实际上为存款者提供了流动性保险（liquidity insurance）（Ennis and Keister，2011）。也就是说，如果存款者受到流动性冲击（消费偏好变为仅关心第 1 期消费），从而无法得到风险资产长期较高的期望收益，中央机构可以通过将所有存款者手上的资金集中起来进行投资，将风险资产长期收益的一部分"转移"给不耐心存款者。另外，最优配置下，耐心存款者将承担风险资产收益的不确定性，即 $R^{FB} > 1$，或者 $p(R^{FB}) < 1$。最后，直观上，如果存款者的风险厌恶程度上升，在最优配置下风险资产的获得高收益的不确定性应该下降。我们将上述这些关于社会最优资源配置的相关性质用如下推论加以总结。

推论 5.1：在社会最优的资源配置中：$c_1^{1^{FB}} > 1$，$R^{FB} > 1$，$p(R^{FB}) < 1$；此外，如果 $p''(R) > 0$，随着存款者的相对风险厌恶系数 γ 的上升，中央机构所

选择的风险资产收益 R^{FB} 将下降，即 $\dfrac{\mathrm{d}R^{FB}}{\mathrm{d}\gamma}<0$。

证明：

由于 $\phi<1$，很显然，$c_1^{1FB}>1$。此外，$\varepsilon_{p(R)}>0$，并且 $\gamma\geqslant 1$，可以得到 R^{FB} >1，这意味着 $p(R^{FB})<1$。对 R 的一阶条件对 γ 导数，可得：

$$\left[p'(R)\cdot\left(\frac{\gamma}{R}\cdot R^\gamma+\gamma-1\right)-p''(R)\cdot(R-R^\gamma)\right]\cdot\frac{\mathrm{d}R}{\mathrm{d}\gamma}$$

$$=p(R)+R^\gamma\cdot(\ln R-p'(R))$$

由于 $p'(R)<0$，$p''(R)>0$，显然 $\dfrac{\mathrm{d}R^{FB}}{\mathrm{d}\gamma}<0$。

证毕。

下面我们给出社会最优资源配置的最后一个性质：激励相容（incentive compatibility）特性。由于最优消费计划必须满足 $(c_1;\tilde{c}_2)=(c_1^1,0;0,\tilde{c}_2^2)$，因此，我们只讨论满足这一性质的资源配置。此时，我们可以将消费计划简记为 $(c_1;\tilde{c}_2)$，其中，c_1 是为不耐心存款者提供的消费，$\tilde{c}_2$ 则是为耐心存款者提供的消费。

定义 5.1： 一个消费计划 $(c_1;\tilde{c}_2(R))$ 满足激励相容性，如果

$$\Delta(c_1;p)\equiv\blacksquare_{\tilde{c}_2}u(\tilde{c}_2(R))-u(c_1)\geqslant 0 \qquad (5-4)$$

注意，在定义 5.1 中，我们考虑耐心存款者的激励相容问题，原因很简单：正如上面所述，不耐心消费者的消费是刚性的，他们无法从第 2 期的消费中获得效用，从而也没有激励伪装成耐心消费者。下面的推论说明，社会最优的消费计划满足激励相容性。

推论 5.2： 社会最优的消费计划 $(c_1^{FB};\tilde{c}_2(R^{FB}))$ 满足激励相容性。

证明：

对于社会最优的消费计划，$\Delta(c_1^{FB};p(R^{FB}))$ 可以表示为：

$$\Delta(c_1^{FB};P(R^{FB}))=\frac{1}{\gamma-1}\cdot c_1^{FB\,1-\gamma}\cdot\left(1-\phi^{\frac{1}{\gamma}}\right)$$

由于 $\gamma\geqslant 1$，并且 $\phi\in(0,1]$，显然 $\Delta(c_1^{FB};p(R^{FB}))\geqslant 0$。

证毕。

为了进一步直观理解本节的结果，我们用下面的数值例子对社会最优的资源配置作进一步刻画。

数值例子5.1：

假设 $p(R) = \dfrac{a-R}{a-1}$，其中 a 为大于 R 的常数，我们可以将其视为衡量风险资产质量的参数（给定 R，$\dfrac{\mathrm{d}p\,(R)}{\mathrm{d}a} > 0$）。此外，假设 $\eta = \dfrac{1}{2}$，$\gamma = 2$，因此 u

$(c) = -\dfrac{1}{c}$。

此时，$\phi = \left(\dfrac{1}{a-1}\right) \cdot \left(\dfrac{a}{R} + R - 2\right)$。从而，$c_1^{FB} = \dfrac{2}{1 + \sqrt{2} \cdot \sqrt{\dfrac{\sqrt{a}-1}{a-1}}}$；$R^{FB} =$

$\sqrt{a}$；$p^{FB} = \dfrac{a - \sqrt{a}}{a-1}$。很显然，$c_1^{FB} > 1$，$R^{FB} > 1$，并且 c_1^{FB} 和 R^{FB} 随着 a 的增加而上升。

最后需要说明的是，尽管本节的分析是基于一个存在中央机构的集权经济，但如果假设银行部门在提供储蓄合同时，可以对其所投资的风险资产的收益和风险做出有效的事前承诺，那么，本节所得到的结论同样适用于分权经济。但是，当银行无法对其资产选择在事前加以承诺时，均衡时的储蓄合同便会同集权经济下社会最优的消费计划存在显著的差异，这便是下节分析的重点。

5.3 银行过度风险承担与存款利率期限结构规制

5.3.1 银行部门

本节考虑的是在一个分权经济中，面临流动性冲击的竞争性银行的最优储蓄合同设计以及投资选择问题。尽管银行运营的环境是竞争性的，但这并不意味着分权经济下的均衡结果和上一节中社会最优的资源配置相同。同最大化社会福利的中央机构相比，银行在提供合同吸收存款并进行投资选择时，将面临两方面的约束。

第一个约束是信息方面的，即存款者的消费类型是每位存款者的私人信息。由于存款者的类型不能被直接观察到，储蓄合同便不能像上一节那样可以基于在第 1 期所实现的类型进行设计和签订。同时，在第 1 期时，只要银行手中还留有资产，他就必须按照合同的规定，为前来提款的存款者做出给付。根据这一约束条件，我们可以用如下形式表示储蓄合同：

$$\begin{cases} c_1, \text{如果在第 1 期取款} \\ \tilde{c}_2, \text{如果在第 2 期取款} \end{cases} \tag{5-5}$$

对于用式（5-5）刻画的储蓄合同的解释如下：对于那些在第 1 期取款的存款者，银行将支付 c_1 单位的消费量；对于其他在第 2 期取款的存款者，银行则将支付 $\tilde{c}_2$ 单位的消费量。银行在第 2 期的支付 $\tilde{c}_2$ 将是一个随机变量，该变量取决于第 1 期进行取款的存款者的人数，以及给定初始投资决策下，风险资产最终的实现的收益。注意到，由于银行不能直接观测存款者的类型，上节中提到的激励相容问题在本节的分析中便显得尤为重要：为了避免耐心存款者提前取款，银行必须试图提高第 2 期的消费量 $\tilde{c}_2$，以满足激励相容约束。第二个约束同这一博弈的时序有关。由于银行是在吸收存款之后做出投资决策，如果在签订储蓄合同时，银行无法对所投资资产的风险和收益做出事先承诺，这便意味着银行存在道德风险问题：在给定储蓄合同为债权合同下，银行有动机选择收益较高，但风险也较高的资产，即所谓的"风险转移"问题。因此，必须提供相应的激励以避免银行追逐过度的风险。在本章模型的框架下，最为直接的方法是扭曲储蓄合同，以减弱其追求高收益、高风险的意愿。这便使得本节中均衡的储蓄合同和上一节中最优资源配置下的消费计划有着显著的差异。因此，在银行存在道德风险的情况下，均衡的社会福利水平必将低于社会最优情况下的社会福利水平。

以上便是本节主要结论的直观理解。在进行严格的模型分析之前，我们用表 5.1 对该博弈的时序加以总结。

表 5.1　　　　　　　存在道德风险情况下银行——存款者博弈的时序

时期	银　　行	存款者
0	为存款者提供储蓄合同，然后做出风险资产的投资选择。	决定是否将禀赋存入银行。
1	清算资产以兑现储蓄合同所规定的第 1 期支付值：c_1。	存款者的消费类型 η 实现。根据消费类型做出取款决定。
2	风险资产的长期收益 $\widetilde{R}$ 实现，银行对第 1 期未取款的存款者支付 $\widetilde{c}_2$。	如果存在一部分资产尚未清算，那么，没有在第 1 期取款的存款者获得支付 $\widetilde{c}_2$。

5.3.2　银行有限承诺能力下的过度风险承担

下面，我们将考虑银行在第 0 期的优化问题。由于银行部门是竞争性的，因此，为了吸引存款者的资金，在考虑到道德风险的情况下，银行所提供的储蓄合同需要最大化存款者的事前效用水平[①]：

$$\underset{c_1,c_2}{\text{Max}}\ \eta \cdot \frac{c_1^{1-\gamma}}{1-\gamma} + (1-\eta) \cdot \blacksquare_{\widetilde{c}_2}\left[\frac{\widetilde{c}_2^{\,1-\gamma}}{1-\gamma}\right] \tag{5-6}$$

$$\text{s. t. } \blacksquare_{\widetilde{c}_2}\left[\frac{\widetilde{c}_2^{\,1-\gamma}}{1-\gamma}\right] - \frac{c_1^{1-\gamma}}{1-\gamma} \geqslant 0 \ (存款者的激励相容约束) \tag{5-7}$$

$$R(c_1,c_2) = \underset{R}{\text{argMax}}\, p(R) \cdot \left[(1-nc_1) \cdot R - (1-n) \cdot c_2\right]$$
$$(银行的激励相容约束) \tag{5-8}$$

$$\eta \cdot c_1 + (1-\eta) \cdot \frac{\widetilde{c}_2}{\widetilde{R}} \leqslant 1 (资源约束) \tag{5-9}$$

注意到，相较于上一节中央机构的优化问题，考虑银行的道德风险行为，这里的优化问题增加了两个新的约束：存款者的激励相容约束（式（5 - 7）），以及银行的激励相容约束（式（5 - 8））。前者的出现是因为银行无法

[①]　注意到，这里的银行最优化问题同一般的委托—代理问题实际上是一致的。我们可以把投资者看成委托人，银行看成代理人。完全竞争的银行部门实际上将合同设计的权利赋予投资者。即，这里的优化问题可以诠释为：在考虑到银行道德风险问题的情况下，如何设计最优的储蓄合同，以最大化委托人的效用水平。

直接观测存款者在第 1 期所实现的偏好类型；后者的出现则是因为银行无法事先承诺其投资的风险和收益，从而产生的过度风险承担（道德风险）问题。另外，由于银行是在吸收存款之后做出投资决策，因此，对于银行的激励相容约束而言，最优的收益水平 R 是储蓄合同（c_1；$\tilde{c}_2$）的函数。

由于该优化问题不存在显示解，我们通过数值例子，对效用函数以及风险资产的相关参数加以限定，以求得到较为直观的结果，并且同上节中社会福利最大化的资源配置水平加以比较。

数值例子 5. 2：

我们延续数值例子 5. 1 中给出的参数设定，假设 $p(R) = \dfrac{a - R}{a - 1}$，$\eta = \dfrac{1}{2}$，$\gamma = 2$，因此 $u(c) = -\dfrac{1}{c}$。

此时，银行的激励相容约束问题为：

$$\underset{c_1,c_2}{\text{Max}}\left(\frac{a - R}{a - 1}\right) \cdot \left[\left(1 - \frac{c_1}{2}\right)R - \frac{c_2}{2} \right] \qquad (5-10)$$

由银行资产选择的一阶条件，整理可得：

$$R(c_1,c_2) = \frac{a + \dfrac{c_2}{2 - c_1}}{2} \qquad (5-11)$$

$$p(c_1,c_2) = \frac{a - \dfrac{c_2}{2 - c_1}}{2(a - 1)} \qquad (5-12)$$

很明显，银行最大化利润所做出的资产选择取决于储蓄合同中所规定的消费量：其中，收益 $R(c_1, c_2)$ 对 c_1 和 c_2 是递增的；而 $p(c_1, c_2)$ 对 c_1 和 c_2 则是递减的。这意味着，随着储蓄合同中所规定消费量的上升，银行有激励追求更高的风险，即存在着债权合同中经典的风险转移问题。

现在，我们就可以根据银行利润最大化（激励相容）问题所得到的 $R(c_1, c_2)$ 和 $p(c_1, c_2)$ 进一步求解均衡的储蓄合同。我们首先忽略消费者的激励相容约束，在考虑银行道德风险的情况下，求解最大化消费者福利问题：

$$\underset{c_1,c_2}{\text{Max}}, \frac{1}{2} \cdot \frac{1}{c_1} - \frac{1}{2} \cdot \left[p(c_1,c_2) \cdot \frac{1}{c_2} + [1 - p(c_1,c_2)] \cdot \frac{1}{2 - c_1} \right]$$

该优化的一阶条件为：

$$\begin{cases} [c_1]: \left(\dfrac{2}{c_1} - 1\right)^2 = \dfrac{1}{2(a-1)} \cdot \left[a + \dfrac{a-3}{2-c_1} - 3\right] \\[4mm] [c_2]: c_2 = \sqrt{a} \cdot (2 - c_1) \end{cases} \qquad (5-13)$$

因此，储蓄合同中各个变量的均衡值为：

$$\begin{cases} R^* = \sqrt{a} \cdot \left(\dfrac{1+\sqrt{a}}{2}\right) \\[4mm] p^* = \dfrac{1}{2} \cdot \dfrac{a-\sqrt{a}}{a-1} \end{cases} ; \begin{cases} c_1^* = \dfrac{2}{1 + \sqrt{\dfrac{a+3\sqrt{a}-3}{2(a-1)}}} \\[4mm] c_2^* = \sqrt{a} \cdot (2 - c_1^*) \end{cases} \qquad (5-14)$$

很显然，同数值例子 5.1 中社会福利最大化的消费计划相比，我们有 $R^* > R^{FB}$；$p^* < p^{FB}$；$c_1^* < c_1^{FB}$；$c_2^* > c_2^{FB}$。最后，我们将最优储蓄合同中各变量的显示解代入存款者的激励相容约束，可以验证该约束始终成立，从而证明忽略该约束的优化结果是有效的。

另外，我们可以对均衡的资源配置水平进行比较静态分析，即当风险资产的质量 a 发生变化时，均衡的储蓄合同如何随之变化。这一比较静态分析的具体结果请参见图 5.2。

通过图 5.2，我们可以看到随着资产质量 a 上升，均衡时，银行所选择的资产收益水平也会随之上升，而获得高收益的风险则会下降，这一结果非常符合直观。风险资产质量对于存款者均衡消费量的影响则更加有趣：当资产质量较低时（略高于 1），银行为不耐心存款者提供消费量非常低（远小于 1），并且该消费量会随着资产质量的提升而快速增加；同时，为耐心存款者提供的消费量非常高（远高于 1），并且该消费量会随着资产质量的提升而快速下降。随着资产质量的不断上升，为两类存款者提供的消费量最终会随着资产质量的提高而单调上升。这一结果说明，当资产质量较差时，银行的过度风险承担问题最为严重，而此时，储蓄合同的扭曲程度也最为严重。该结果同美国次贷危机发生前的现实情况十分吻合：一方面，银行长短融资利差持续为正；另一方面，银行的贷款质量不断恶化。

我们通过命题 5.2 总结上面数值例子的相关结果。

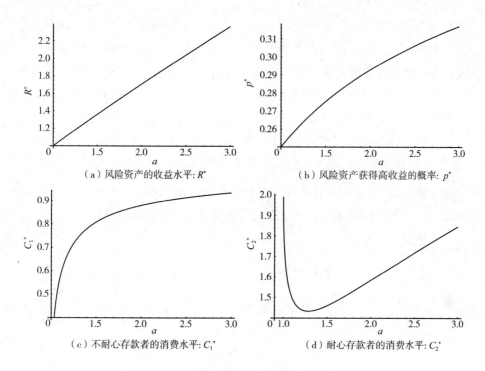

图 5.2　均衡储蓄合同的比较静态分析

　　命题 5.2：在某些经济环境下，如果银行无法事先承诺其资产选择，那么，均衡的储蓄合同（c_1^*；$\tilde{c}_2(R^*)$）将存在过度风险承担问题：银行选择资产的风险水平将高于社会最优水平（$p^* < p^{FB}$；$R^* > R^{FB}$）；并且，为提前取款的存款者提供的存款利率将低于社会最优水平，而为延迟取款的存款者提供的利率则会高于社会最优水平（$c_1^* < c_1^{FB}$；$c_2^* > c_2^{FB}$）。

　　我们可以对命题 5.2 的结果作如下的直观解释。首先，在存在银行道德风险问题的情况下，均衡时的资产收益水平高于社会最优的资产收益（$R^* > R^{FB}$），这就意味着均衡时的资产风险高于社会最优水平，即存在着过度风险承担的问题。其次，相较于社会福利最大化时的消费计划，存在道德风险时的储蓄合同所规定的消费量发生了严重的扭曲：为不耐心存款者提供的第 1 期消费量有所降低；而为耐心存款者提供的第 2 期消费量则高于社会最优水平。出现这一结果的原因在于：由于均衡时银行会追逐过度的风险，而该风险全部由耐心存款者承担，这将降低耐心存款者的效用，从而使其更愿意提前实现消费。为了对冲这种逆向激励，银行只好对储蓄合同加以扭曲：一方面，提高储蓄合同中所规定的为耐心存款者所提供的消费量；另一方面，降低不耐心存款者的消费量。

最后，我们讨论监管部门应当如何制定相关政策，以减轻银行过度承担风险的行为。由于银行是在提供储蓄合同之后选择长期资产的风险和收益，因此，监管部门可以对储蓄合同中所规定的短期和长期消费量的相对比例（即存款的利率期限结构）加以规制，从而限制银行的风险承担。

命题 5.3：在某些经济环境下，监管部门可以通过对银行存款的利率期限结构加以规制，使得银行部门选择社会最优风险水平的长期资产。

证明：

在数值例子中，如果将为存款者提供的两期消费量的关系限定在 $\dfrac{c_2}{2-c_1} = 2\sqrt{a} - a$，由银行激励相容约束的一阶条件，可得，此时均衡的长期资产风险同社会最优的水平相同。

证毕。

命题 5.3 为监管部门如何限制银行部门过度承担风险给出了政策建议。具体而言，监管部门应当对长短期存款利率的关系加以限定，使其满足关系式：

$$\frac{c_2}{2-c_1} = 2\sqrt{a} - a \tag{5-15}$$

此时，银行部门的过度风险承担问题便会得到有效的控制。但是，我们仍然需要谨慎地解读该命题的结论：若想保证存款利率期限结构规制的有效性，监管部门需要充分地了解银行部门可供选择的资产质量，即参数 a。然而，这一要求在现实中并不容易得到满足，一旦监管部门关于资产质量的信息存在偏差，据此制定的监管措施便很难有效地降低银行部门的过度风险承担问题。

5.4　本章总结

本章基于戴蒙德和迪布维格（Diamond and Dybving，1983）的模型，允许银行可以自由选择长期资产的收益和风险组合，得到如下结论：当银行无法对其资产选择向存款者做出有效的承诺时，银行便有动机承担过度的风险，从而降低社会总福利。

我们首先给出了社会福利最大化时的资源配置情况，并讨论了此时资源配置的相关性质：受到流动性冲击的存款者的最优消费量将高于自给自足的消费水平，即存在所谓的流动性保险；并且，社会最优的长期资产将具有一定的风险性。对于银行无法做出有效承诺的情形，我们给出了均衡时的风险资产选择，以及为不耐心和耐心的存款者提供的消费量，并同社会最优的情形加以比较。我们证明，为了降低银行承担的风险，均衡时的储蓄合同必须加以扭曲：为不耐心存款者提供消费量将低于社会最优水平；而为耐心存款者提供的消费量则高于社会最优水平。同时，均衡的长期资产风险也将高于社会最优的风险水平。最后，我们讨论了监管部门如何制定相关政策以减轻过度承担风险的激励，我们证明，如果监管部门可以对银行存款的利率期限结构加以有效规制，那么银行所选择长期资产的风险水平将恢复到最优资源配置的水平。

第6章 银行竞争与过度风险承担

6.1 导　言

在后金融危机时代，人们愈发关注金融体系的风险问题。银行部门，作为金融体系中至关重要的一环，其过度风险承担的问题一直是学界和业界关注的热点。影子银行（shadow banking）、系统风险（systemic risk）、期限错配（maturity mismatch）、大而不能倒（too-big-to-fail），这些被认为是诱发金融危机的罪魁祸首，无一例外地同商业银行的风险承担行为有着极其紧密的联系。

金融体系是一国经济的枢纽。作为宏观经济的主体，企业需要资金进行投资，家户则需要金融工具管理个人资产。近年来，我国股票、债券等金融证券市场不断发展，但对我国当前的金融系统而言，商业银行在资产总量和信贷规模等方面仍然占据着最为重要的位置，资金的供求双方在很大程度上依赖于作为金融中介的商业银行体系对资金加以集中并进行配置（Allen，Qian and Qian, 2008；Allen et al., 2012）。与此同时，商业银行彼此之间的竞争也不断加剧。近年来，我国许多商业银行为了吸收更多的资金，同信托和券商合作，大量发行各种门类的理财产品。据万德（Wind）数据库统计，2012 年我国各商业银行发售理财产品高达 31550 款。这些理财产品大多属于银行的表外业务，监管部门无法对其进行有效审查，因此也无法有效地控制这些产品的风险。在 2012 年底，华夏银行嘉定支行被爆出其管理的一款高收益理财产品"由于无法兑付而引发的信任危机"。该理财产品的"募资总额高达 1.2 亿元，其销售、签约、托管、合规等环节漏洞百出"，而购买该产品的投资者则很可能最终"血本无归"①。类似的例子在国外也并不少见。美国 20 世纪 80 年代中期开始的储蓄贷款危机（savings & loans crisis）导致了 3234 家储蓄贷款协会中的 747 家倒闭，为了挽救这次危机所付出的成本则高达 879 亿美元。造成这次危机的原因之一，便是储蓄贷款协会同货币市场共同基金之间对于储蓄存款的恶性竞争导致储蓄贷款协会投资风险过高的项目。

对上述现象较早做出回应的是凯里（Keeley，1990）。当银行主要通过债权的方式进行融资时，由于债权人主要承担下行风险（downside risk），而股权人则享受项目成功所获得的超额收益，这使得以最大化股权人收益为目标的银行管理者有动机投资高风险资产，即所谓的"风险转移"（risk-shifting）问题（Jensen and Meckling，1976）。凯里进一步指出，银行存款竞争将导致银行的风险转移问题变得更为严重。艾伦和盖尔（Allen and Gale，2004）则在此基础上利用古诺（cournot）模型得出银行部门的存款竞争与其风险承担之间的正向关系。这两篇代表性文献重点在于分析银行间竞争对银行部门风险承担的影响，但是对相应的监管措施却言之甚少②。银行间竞争如何影响风险承担水平当然很重要，但对于现实经济而言，更为重要的是监管部门如何制定政策措施以减轻由于经济摩擦所带来的社会资源配置的扭曲，从而提高社会福利水平。

海尔曼、默多克和斯蒂格里斯（Hellmann，Murdock and Stiglitz，2000）以及瑞普洛（Repullo，2004）在一个动态博弈的框架下讨论监管部门的资本要求能否解决银行间竞争所导致的过度风险承担问题。这两篇文献重在强调银行资本要求会侵蚀其特许权价值（charter value 或 franchise value），从而使得监管部门的资本要求无法保证银行的选择低风险资产③。但是，在实证文献中，特许权价值对银行投资风险的约束效应却屡遭质疑。例如，桑德斯和威尔逊（Saunders and Wilson，2001）利用长达一百年的面板数据，

---

① 参见《财经》2012 年第 32 期，"华夏银行引爆理财乱象"。

② 凯里（Keeley，1990）讨论了存款保险对于银行风险承担的影响。但凯里的模型框架下，存款保险将加剧银行的风险承担水平。

③ 此外，还有一系列文献讨论银行部门针对贷款市场所展开的竞争。这部分文献所得出的结果是银行竞争并不必然导致过度的风险承担，较具代表性的文章是 Caminal 和 Matutes（2002）以及 Boyd 和 De Nicolo（2005）。由于这部分文献同本章没有直接的相关性，因此我们不做重点讨论。

说明特许权价值与银行风险承担之间存在着内生关系：过度的风险承担将压低特许权价值，从而使得银行有激励承担更多的风险。在桑德斯和威尔逊的研究基础上，曹廷求和张光利（2011）利用2001~2009年间我国197家商业银行的数据，通过控制银行特许权的内生性，发现特许权价值对我国商业银行风险几乎不存在任何约束效应。韩立岩和李燕平（2006）则利用1994~2003年我国14家代表性银行的数据进行实证分析，其结果表明，由于存在着隐性存款保险制度，这使得"特许权价值的自律机制不仅对我国国有银行几乎失效，而且对非国有银行的风险约束效应也不显著"。因此，在现实经济中，特许权价值对于银行风险承担的影响可能并不是十分重要。但是，如果不考虑银行的特许权价值，在海尔曼、默多克和斯蒂格里斯以及瑞普洛的模型中，资本要求便可以确保银行做出审慎的投资选择，这又同上文所描述的经济现实不相符。

据此，本章在一个静态模型（排除特许权价值的影响）中同时引入银行间异质性竞争，银行部门的风险承担水平以及资本监管，试图说明：银行之间对于消费者存款的竞争，将加剧其投资风险，同时，银行竞争程度越激烈，其过度风险承担问题越严重。并且，即使不考虑银行的特许权价值，单一的资本要求也无法保证银行做出社会最优的投资选择。因此，监管部门还应该考虑直接限制银行个数以及降低金融服务成本，避免银行间的恶性竞争所导致的过度风险承担问题。

具体而言，我们利用环形城市模型（circular city model）（Salop，1979），引入银行间对于消费者存款的异质性竞争。银行通过储蓄合同吸引消费者的存款，而消费者的存款决策则取决于银行所提供的存款利率，以及消费者办理相关业务所需要付出的交易成本（交通成本）。银行则将融入的资金全部投资到风险资产中。针对消费者存款的竞争将导致银行被迫提高存款利率。由于银行通过债务合同（储蓄合同）进行融资，并且消费者以及监管部门均无法直接观察到银行所选择资产的风险水平，存款利率的增加将导致银行选择投资风险水平和回报都更高的资产。因此，在对称均衡（symmetric equilibrium）中，银行所选择资产的风险水平将高于社会最优的风险水平。并且，随着经济中银行数目的增多，资产的均衡风险水平也会随之上升。

为了缓解银行过度风险承担问题，监管部门可以要求银行通过发行股票持有一定比例的资本，并且银行资本持有数量同银行吸收的存款成正比。随着监管部门所规定的最低资本要求的上升，银行所选择的资产风险水平会随之下降，从而部分地抑制银行过度承担风险的动机。但是，同海尔曼、默多克和斯蒂格里斯（Hellmann，Murdock and Stiglitz，2000）的结果不同，监管部门无法通过资本要求和利率上限规制使得银行选择社会最优的资产风险。因此，监管部门还应通过减少银行数量以及降低金融服务成本，以缓解银行部门的过度风险承担问题。

6.2 模型设定及社会最优资源配置

在本节中，我们首先描述模型分析的经济环境，并给出社会最优的银行风险承担水平；然后，我们将刻画当银行为争夺消费者存款展开竞争时，均衡的银行风险承担水平，并讨论银行竞争对存款利率和风险承担的影响；最后，我们将比较存在银行竞争时的均衡风险承担水平和社会最优的风险承担水平之间的差异。

6.2.1 经济环境

我们在一个两期（第0、第1期）的环形城市模型中讨论存款竞争和银行风险承担问题。在第0期期初，有单位为1并且为连续统（continuum）的消费者进入经济，并且均匀分布在环形城市的圆环上，该圆环的周长同样设为单位1。假设每位消费者有1单位禀赋，并且仅在第1期进行消费。同时，有 n 家风险中性的银行在第0期进入经济，并且等距离地分布在圆环上，假设 $n \geq 1$。

经济中存在连续统的风险资产可供投资，风险资产在第1期的支付为随机变量，因此，我们可以根据这些资产未来收益率分布的不同而加以区分。我们将该风险资产的净收益率记为 $\tilde{\gamma}$，其分布如下：

$$\tilde{\gamma} = \begin{cases} \gamma & \text{概率为 } \theta \\ 0 & \text{概率为 } 1-\theta \end{cases} \tag{6-1}$$

因此，该资产的风险水平可以用 θ 加以刻画，即：如果 θ 越高，表示该资产越安全；反之，该资产的风险则越高。在第 0 期，银行将手中的资金投资到风险资产。

为了引入银行的风险承担问题，我们假设银行在融资之后可以选择资产的风险水平 θ，并且该风险水平为银行的私有信息，不能被经济中其他参与人所观测到。资产的收益率是其风险水平的函数：$\gamma = \gamma(\theta)$，并且 $\gamma(0) > 0$，同时 $\gamma'(\theta) < 0$，即资产的收益率越高，其风险水平也随之提高。我们进一步假设 $\gamma(\theta)$ 为凹函数，并且满足 $\gamma(1) + \gamma'(1) \leqslant -1$，以保证优化的一阶条件有效。

6.2.2　社会最优的风险承担水平

在上一小节描述经济环境的一系列假设下，我们可以用下面的命题刻画出资产社会最优的风险承担水平。

命题 6.1： 假设 $\gamma'(\theta) < 0$、$\gamma''(\theta) \leqslant 0$，以及 $\gamma(1) + \gamma'(1) \leqslant -1$，那么，社会最优的银行风险承担水平 θ^{FB} 满足如下条件：

$$\gamma(\theta^{FB}) + \theta^{FB} \cdot \gamma'(\theta^{FB}) = -1 \qquad (6-2)$$

并且，$\theta^{FB} \in (0, 1]$。

证明：

社会最优的资产风险选择要求 $\underset{0 \leqslant \theta \leqslant 1}{\text{Max}} \theta \cdot [1 + \gamma(\theta)]$。

一阶条件为：$\gamma(\theta) + \theta \cdot \gamma'(\theta) \leqslant -1$；

二阶条件为：$2\gamma'(\theta) + \theta \cdot \gamma''(\theta) < 0$，故一阶条件有效。

由于 $\gamma(0) > 0$，并且 $\gamma(1) + \gamma'(1) \leqslant -1$，因此，社会最优的资产风险水平一定为内点解，即 $\theta^{FB} \in (0, 1]$，并且由等式 $\gamma(\theta^{FB}) + \theta^{FB} \cdot \gamma'(\theta^{FB}) = -1$ 决定。

证毕。

通过命题 6.1，我们给出了社会最优情形中，银行的风险承担水平。在艾伦和盖尔（Allen and Gale，2004）的文章中，作者也得到了类似的结果。下面，我们将给出一个数值例子，以求进一步直观理解命题 6.1。

数值例子 6.1：

假设资产收益率函数 $\gamma(\theta)$ 为线性函数，其形式为：

$$\gamma(\theta) = 1.5 \cdot (2 - \theta) - 1$$

由于 $\gamma(\theta)$ 为线性函数，很容易验证命题 6.1 所要求条件都是满足的。由社会最优资产风险水平的一阶条件，我们可以得到 $\theta^{FB} = 1$。也就是说，在该数值例子所假设的函数形式下，社会最优的资产应该选择没有任何风险的安全资产。此时，该安全资产的收益率为 $\gamma(\theta^{FB}) = 0.5$。

6.3　银行竞争的环形城市模型

6.3.1　银行部门

由于银行在第 0 期没有任何资金，因此，他们要为吸收消费者手中的禀赋而展开竞争。每家银行可以向消费者提供储蓄合同以吸纳存款，并将之投到风险资产中。我们将银行 i 在其储蓄合同中所规定在第 1 期付给存款者的利息率记为 r_i，其他银行所提供的利息率记为 r_{-i}。假设政府为消费者提供存款保险，因此，消费者的存款决策仅取决于银行所提供的利率。简单起见，假设政府对银行所收取的存款保费为 0。对于银行 i 来说，其所能吸收的存款量为 $D(r_i, r_{-i})$。很明显，$D_1 > 0$，$D_2 < 0$。即，给定其他条件不变，银行 i 提供的存款利率越高，其所能吸收的存款量越高；其他银行提供的利率越高，银行 i 所能吸收的存款量越低。在后面的分析中，我们将通过环形城市模型内生地求解出 $D(r_i, r_{-i})$ 的函数形式。

除了可以通过储蓄合同进行融资外，银行还可以发行股票获取资金，并且会将所获得资金全部投到风险资产中。假设银行需要折价发行股票以满足外部投资者的预期回报率 ρ，并且 ρ 为外生给定。假设投资者在此回报率上愿意提供任意数量的资金（即资本供给曲线为完全弹性）。因此，ρ 实际上是银行资本的机会成本。一般认为，银行资本的机会成本相对较高，为了体现这一点，我们假设 $1 + \rho > \theta^{FB} \cdot [1 + \gamma(\theta^{FB})]$，即银行资本所要求的预期回报率比风险资产所能实现的社会最优的预期回报率还要高[①]。我们之所以要求银行资本具有较高的回报率，是因为在实践中，金融机构的杠杆率一般都很高，而监管部门对银行资本要求则相对较低[②]：如果银行资本的成本实际上很低，那么，监管部门便可以要求极高的资本比重，从而大幅度地降低银行过度风险承担的动机。

最后，假设经济中存在一个监管部门，它会对银行的资本充足率有所限制：对于每单位储蓄，银行必须持有比例为 k 的最低资本。我们将银行 i 所选择持有的资本比例记为 k_i。

6.3.2　环形城市

首先，我们利用环形城市模型求解出每家银行的存款需求函数。我们将离银行 i 较近的两家银行按逆时针方向分别记为银行 $i-1$ 和银行 $i+1$。对于银行 i 来说，经济中仅存在这两家银行与其竞争消费者的存款。因为我们仅考虑对称纳什均衡，我们将银行 $i-1$ 和银行 $i+1$ 所提供的存款利率均记为 r，而银行 i 所提供的存款利率则仍记为 r_i。由于所有银行均衡分布在圆环中，圆环的周长为 1，银行个数为 n，因此，银行 i 与其他两家银行的距离为 $\frac{1}{n}$。对于在银行 i 和银行 $i+1$ 的消费者来说，如果其距离银行 i 的距离记为 d，那么他距离银行 $i+1$ 的距离就为 $\frac{1}{n}-d$。我们可以用图 6.1 进一步直观地描绘环形城市模型。

此外，我们假设消费者到任意一家银行办理存款均需要付出一定的交通成本，该成本同消费者与银行之间的距离成正比。我们可以将交通成本理解

---

① 阿德马蒂和海尔维格（Admati and Hellwig，2013）指出，银行进行股权融资的私人成本或许很高，但其社会成本其实很低。但是，这里较高的股权融资成本是从银行自身的角度出发所作的假定。此外，还有学者认为银行过多股权融资的社会成本也会很高。例如，博尔顿（Patrick Bolton）在 2011 年伦敦政治经济学院举办的一次学术会议中指出，银行资产净值的信息不对称性将提高其股权融资的成本。因此，较高的银行资本要求比例很可能在危机中导致更为严重的信贷紧缩，加剧危机的剧烈程度和持续时间，从而造成较高的社会成本。

② 如第三版巴塞尔协议规定银行在任何时候，总资本（一级资本与二级资本之和）不得低于风险加权资产的 8%。

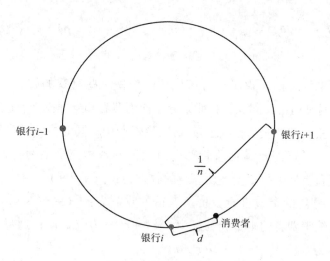

图 6.1 环形城市模型

为消费者到银行办理相关业务的交易成本，那么，消费者与银行之间距离的长短则可以视为消费者办理不同业务所需花费时间的长短。我们将这一比例记为 t。那么，给定银行的存款利率，如果存在某一临界消费者，使得该消费者到银行 i 和银行 $i+1$ 存款并办理业务是无差异的，需要满足如下条件：

$$r_i - t \cdot d = r - t \cdot \left(\frac{1}{n} - d \right) \tag{6-3}$$

求解临界消费者 $d^*(r_i, r)$，我们可以得到 $d^*(r_i, r) = \frac{1}{2 \cdot n} + \frac{r_i - r}{2 \cdot t}$。银行 i 所面临的存款需求函数 $D(r_i, r) = 2 \cdot d^*(r_i, r) = \frac{1}{n} + \frac{r_i - r}{t}$。注意到，$D(r_i, r)$ 是 r_i 的增函数、r 的减函数；此外，银行的数量下降或者交通成本的降低都会使得银行的存款上升；最后，当 $r_i = r$ 时，$D(r, r) = \frac{1}{n}$，即当所有银行均提供相同的存款利率时，每家银行将平分消费者所有的禀赋。

6.3.3 存款竞争与风险承担

给定存款需求函数 $D(r_i, r)$，银行 i 在第 0 期的利润最大化问题为：

$$\underset{r_i;\theta_i;k_i}{\text{Max}}\{\theta_i \cdot [\gamma(\theta_i) - r_i + (1 + \gamma(\theta_i)) \cdot k_i] - (1 + \rho) \cdot k_i\} \cdot D(r_i, r)$$

$$\text{s. t.} \quad k_i \geqslant k \tag{6-4}$$

在正式求解之前，我们先对该优化问题做一些直观的解释。在第 0 期，银行 i 首先通过储蓄合同和发行股票分别向消费者和外部投资者进行融资。然后，银行将所融到的资金全部投资到风险资产中，同时决定其资产选择。在这一过程中，银行需要满足监管部门所设定的资本充足率的要求。注意到，银行利用消费者储蓄投资资产所获得的收益为：$[1 + r(\theta_i)] \cdot D(r_i, r)$；利用股票发行所募集的资金进行投资所获得的收益为：$[1 + \gamma(\theta_i)] \cdot k_i \cdot D(r_i, r)$；需要付给消费者的本金和利息为：$(1 + r_i) \cdot D(r_i, r)$；通过发股融资所导致的成本为：$(1 + \rho) \cdot k_i \cdot D(r_i, r)$。

因此，式 (6-4) 中大括号内第一项的含义是，银行利用每单位储蓄和股本在第 0 期投资从而在第 1 期获得的资产回报，扣除在第 1 期付给消费者的本金和利息后的净收益，即 $[1 + \gamma(\theta_i)] \cdot (1 + k_i) - (1 + r_i) = \gamma(\theta_i) - r_i + (1 + \gamma(\theta_i)) \cdot k_i$。其中，$\gamma(\theta_i) - \gamma_i$ 表示银行的存贷利差；$(1 + \gamma(\theta_i)) \cdot k_i$ 则表示每单位股本的总收益（gross return）。仅当资产在第 1 期获得高回报时，银行才可以获得这一部分收益。式 (6-4) 中大括号内的第二项则表示每单位股本所要付出的成本，由于银行在第 0 期通过发股融资时便已经付出该成本，因此该项不受到资产在第 1 期所实现的回报的影响。

银行所面临的唯一约束是监管部门的资本充足率要求。对于这一问题的求解，我们将重点放在对称纳什均衡，即当经济达到均衡时，所有银行所提供的存款利率以及所选择的资产均相同。

下面的命题刻画了这一均衡。

命题 6.2：对于银行存款竞争的环形城市模型，如果 $\gamma'(1) < -\dfrac{t}{n}$，则对称纳什均衡一定存在，并且：

（1）银行资本刚好等于监管部门所要求的水平：$k^* = k$；

（2）银行资产风险选择（θ^*）和提供的存款利率（r^*）由下面两个等式决定：

$$r^* = \gamma(\theta) - \frac{t}{n} - \left[\frac{1 - \rho}{\theta^*} - (1 - \gamma(\theta^*))\right] \cdot k \tag{6-5}$$

$$\frac{r^* - k}{1 + k} = \gamma(\theta^*) + \theta^* \cdot \gamma'(\theta^*) \tag{6-6}$$

证明：

首先，目标函数对 k_i 取导数，可得：

$$\{\theta \cdot (1 + \gamma(\theta)) - (1 + \rho)\} \cdot D(r_i, r) < 0$$

由于 $1 + \rho > \theta^{FB} \cdot [1 + \gamma(\theta^{FB})]$，因此，银行所选择的资本刚好满足监管部门所设定的最低水平，即 $k_i = k$。

将 $k_i = k$ 代回目标函数，并对 r_i 取导数，可得：

$$\theta \cdot [\gamma(\theta) - r_i + (1 + \gamma(\theta)) \cdot k] - (1 + \rho) \cdot k = \theta \cdot t \cdot \left(\frac{1}{n} + \frac{r_i - r}{t}\right)$$

在对称均衡下，有 $r_i = r$，代回对 r_i 的一阶条件，整理即可得到式（6-5）。

将目标函数对 θ_i 取导数，可得：

$$\gamma(\theta_i) - \gamma + (1 + \gamma(\theta_i)) \cdot k + \gamma'(\theta_i) \cdot (1 + k) = 0$$

在对称均衡下，有 $\theta_i = \theta$，进一步整理，即可得到式（6-6）。

当 θ 趋于 0 时，式（6-5）中的 r 趋于某一常数 $\gamma(0) \cdot (1 + k) + k$，而式（6-6）中的 r 则趋于负无穷。并且，在式（6-6）中，r 将随着 θ 上升而单调下降。

因此，要保证该二元方程组有解，我们仅需要 $\gamma(1) \cdot (1 + k) - \frac{t}{n} - \rho \cdot$

$k > [\gamma(1) + \gamma'(1)] \cdot (1 + k) + k$，即 $\gamma'(1) < -\dfrac{(1 + \rho) \cdot k + \dfrac{t}{n}}{1 + k} < -\dfrac{t}{n}$。

证毕。

我们可以通过图6.2对命题6.2中所给出均衡的存在性做出直观的理解。我们通过求解银行优化问题，可以得到命题6.2刻画均衡下的资产风险选择和存款利率的两个等式，这两个式子分别对应于图6.2中的两条曲线。尽管曲线 $r = \gamma(\theta) - \dfrac{t}{n} - \left[\dfrac{1 + \rho}{\theta} - (1 + \gamma(\theta))\right] \cdot k$ 的单调性无法保证，但是，我们仍可以通过限制两条曲线在 $\theta = 1$ 一侧的端点大小保证均衡的存在性。

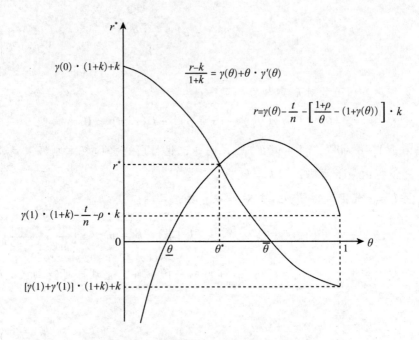

图 6.2 均衡风险水平和存款利率的决定

注意到，在本章的经济环境中，由于银行可以在一个连续统的资产中做出投资决策，我们可以得到均衡风险承担水平以及存款利率的内点解；而在海尔曼、默多克和斯蒂格里斯（Hellmann，Murdock and Stiglitz，2000）和瑞普洛（Repullo，2004）的文章中，银行仅在两种资产中做出选择，虽然达到了简化分析的目的，但却无法进一步讨论竞争的激烈程度以及资本要求的变化如何影响银行的投资决策。

基于命题 6.2 所刻画的经济均衡配置，我们可以进一步将均衡的风险水平同社会最优的风险水平加以比较，从而得到命题 6.3，这也是本章最为重要的结果。

命题 6.3：在环形城市模型中，如果 $\overline{\theta} \geqslant \underline{\theta}$，银行针对存款而竞争会导致均衡的资产风险水平高于社会最优的银行风险承担水平，即 $\theta^* < \theta^{FB}$。

其中，$\overline{\theta}$ 和 $\underline{\theta}$ 分别由等式 $\gamma(\overline{\theta}) + \overline{\theta} \cdot \gamma'(\overline{\theta}) = -\dfrac{k}{1+k}$ 和 $\gamma(\underline{\theta}) - \left[\dfrac{1+\rho}{\underline{\theta}} - (1 + \gamma(\underline{\theta}))\right] \cdot k = \dfrac{t}{n}$ 决定。

证明：

由图 6.2 可知，$\bar{\theta}$ 为函数 $\dfrac{r-k}{1+k} = \gamma(\theta) + \theta \cdot \gamma'(\theta)$ 与横轴相交时 θ 的取值；

$\underline{\theta}$ 为函数 $r = \gamma(\theta) - \dfrac{t}{n} - \left[\dfrac{1+\rho}{\theta} - (1+\gamma(\theta))\right] \cdot k$ 与横轴相交时 θ 的取值。

当 $\bar{\theta} \geq \underline{\theta}$ 时，均衡时的存款利率 r^* 一定大于 0。此时，$\dfrac{r^* - k}{1+k} > -1$，即 $\gamma(\theta^*) + \theta^* \cdot \gamma'(\theta^*) > -1$。

由于 $\gamma(\theta^{FB}) + \theta^{FB} \cdot \gamma'(\theta^{FB}) = -1$，我们必然有 $\theta^* < \theta^{FB}$。

证毕。

命题 6.3 说明了存在存款竞争时，银行所选择的均衡资产风险水平将高于社会最优的风险水平。该结果的经济直观非常清楚：银行之间针对消费者存款的竞争将迫使银行提高存款利率，由于银行使用债权的融资方式（储蓄合同），这将导致经典的风险转移问题，使得银行有动机追逐过度的风险。但是，得到这一结果还需要满足一定的条件：存在银行竞争下的均衡存款利率水平较高（大于 0）。否则，如果均衡利率小于 0，这将意味着消费者实际上为银行的投资进行"补贴"，使得银行竞争下的均衡风险水平反而低于社会最优下的风险水平。

下面，我们将延续上一节的数值例子，考虑垄断银行的情形下银行所选择的均衡存款利率和资产风险水平，从而进一步说明命题 6.2 和命题 6.3。

数值例子 6.2：

我们仍假设 $\gamma(\theta)$ 的函数形式为：$\gamma(\theta) = 1.5 \cdot (2 - \theta) - 1$。假设在环形城市中仅有一家银行经营，即 $n = 1$。并且，其他参数的数值为 $k = 0.2$；$\rho = 0.6$；$t = 0.2$。此时，$\rho > \gamma(\theta^{FB}) = 0.5$，因此，满足银行通过股票融资的高成本要求。

将各个参数值代入式（6-5）和式（6-6），可得：

$$\begin{cases} r = 2.4 - 1.8 \cdot \theta - \dfrac{0.32}{\theta} \\ r = 3.8 - 3.6 \cdot \theta \end{cases}$$

很容易检验，在此例子中，满足命题 6.2 和命题 6.3 所需要的条件，即

$\gamma'(1) < -\dfrac{t}{n} = -0.2$；以及 $\bar{\theta} \geqslant \underline{\theta}$。通过求解此二元方程，我们可以得到：

$$\begin{cases} r^* = 0.335 \\ \theta^* = 0.962 \\ \gamma(\theta^*) = 0.556 \end{cases}$$

我们可以看到，即使在垄断情形的情形下，银行选择资产的风险水平高于社会最优的水平。其原因在于，银行通过提高存款利率以求尽量多的吸收存款，但是存款利率的上升将导致银行的风险转移行为，即选择风险更高的资产。

通过分析决定环形城市模型银行存款竞争均衡的两个式子：式（6-5）和式（6-6），我们不难发现，如果使得银行选择社会最优的资产风险水平，我们不仅仅需要资本要求规制，还需要存款利率的上限限制。但是，实现最优风险水平的存款利率将为负，这意味着存款利率限制在环形城市模型中不可行，因此，监管部门无法通过对银行资本和存款利率的规制实现最优的资源配置。

命题6.4： 在环形城市模型中，相关监管部门无法通过银行资本要求以及存款利率上限限制实现社会最优的资源配置。

证明：

社会最优的资源配置要求银行的资产风险选择（θ）满足式（6-2）。在环形城市模型中，如果相关监管部门能够有效实施银行资本要求和存款利率上限限制，这意味着式（6-6）中的 r^* 和 k 可成为监管工具而视作外生变量。

比较式（6-2）和式（6-6），如果监管部门可以通过调节 r^* 和 k 实现最优资源配置，则 $\dfrac{r^* - k}{1 + k} = -1$，即 $r^* = -1$。在存款利率必须大于0的假设下，便可看出此前提假设不成立。因此，无法通过调节资本要求和利率限制实现社会最优的资源配置。

证毕。

6.3.4　比较静态分析

本节的最后，我们给出针对银行存款竞争均衡的比较静态分析的两个推论，分别讨论银行竞争的激烈程度（银行数量 n ）、交易成本（ t ）以及资本监管水平（ k ）的变化，对于均衡时资产的风险水平和存款利率的影响。

推论 6.1：对于银行存款竞争的环形城市模型，当经济达到均衡时，随着银行数量 n 的增多，银行所选择资产的风险以及所提供的存款利率均会将随之上升，即 $\dfrac{\mathrm{d}\theta^*}{\mathrm{d}n} < 0$，$\dfrac{\mathrm{d}r^*}{\mathrm{d}n} > 0$；此外，随着交易成本 t 的降低，银行选择资产的风险以及所提供的存款利率均会随之下降，即 $\dfrac{\mathrm{d}\theta^*}{\mathrm{d}t} > 0$，$\dfrac{\mathrm{d}r^*}{\mathrm{d}t} < 0$。

证明：

首先，式（6-1）两边同时对 n 取导数，可得：

$$\frac{\mathrm{d}r^*}{\mathrm{d}n} = \left[k \cdot \frac{1+\rho}{\theta^{*2}} + (1+k) \cdot \gamma'(\theta^*) \right] = \frac{\mathrm{d}\theta^*}{\mathrm{d}n} + \frac{t}{n^2}$$

式（6-2）两边同时对 n 取导数可得：

$$\frac{\mathrm{d}r^*}{\mathrm{d}n} \cdot \frac{1}{(1+k)} = \left[2\gamma'(\theta^*) + \theta^* \cdot \gamma''(\theta^*) \right] \cdot \frac{\mathrm{d}\theta^*}{\mathrm{d}n}$$

因此，$\dfrac{\mathrm{d}\theta^*}{\mathrm{d}n} = \dfrac{t/n^2}{(1+k) \cdot \gamma'(\theta^*) + \theta^* \cdot \gamma''(\theta^*) - k \cdot (1+\rho/\theta^{*2})} < 0$。此外，$\dfrac{\mathrm{d}r^*}{\mathrm{d}n}$ 与 $\dfrac{\mathrm{d}\theta^*}{\mathrm{d}n}$ 的符号相反（见式（6-1）对 n 取导数的等式），因此，$\dfrac{\mathrm{d}r^*}{\mathrm{d}n} > 0$。

与之类似，我们可以得到 $\dfrac{\mathrm{d}\theta^*}{\mathrm{d}t} = \dfrac{1/n}{(1+k) \cdot \gamma'(\theta^*) + \theta^* \cdot \gamma''(\theta^*) - k \cdot (1+\rho/\theta^{*2})} > 0$，因而，$\dfrac{\mathrm{d}r^*}{\mathrm{d}t} < 0$。

证毕。

推论 6.1 说明，当进入经济的银行数目增多时，银行彼此之间距离变小，这将导致银行竞争的加剧，从而使得风险承担问题更为严重。另外，如果银行可以降低其提供金融服务的交易成本，这将有助于抑制银行过度承担风险的动机。

推论 6.2：对于银行存款竞争的环形城市模型，当经济达到均衡时，如果 $\overline{\theta} \geq \underline{\theta}$，随着资本要求水平 k 的上升，银行所选择资产的风险以及所提供的存款利率均会将随之下降，即 $\dfrac{\mathrm{d}\theta^*}{\mathrm{d}k} > 0$，$\dfrac{\mathrm{d}r^*}{\mathrm{d}k} < 0$。

证明：

首先，式（6 – 1）两边同时对 n 取导数，可得：

$$\frac{\mathrm{d}r^*}{\mathrm{d}k} = \left[k \cdot \frac{1+\rho}{\theta^{*2}} + (1+k) \cdot \gamma'(\theta^*) \right] \cdot \frac{\mathrm{d}\theta^*}{\mathrm{d}k}$$

$$- \left[\frac{1+\rho}{\theta^*} - (1 + \gamma(\theta^*)) \right] \cdot k$$

式（6 – 2）两边同时对 k 取导数可得：

$$\frac{\mathrm{d}r^*}{\mathrm{d}k} = \left[\gamma(\theta^*) + \theta^* \cdot \gamma'(\theta^*) + 1 \right] + (1+k) \cdot \left[2\gamma'(\theta^*) \right.$$

$$\left. + \theta^* \cdot \gamma''(\theta^*) \right] \cdot \frac{\mathrm{d}\theta^*}{\mathrm{d}k}$$

$$\frac{\mathrm{d}\theta^*}{\mathrm{d}k} = - \frac{\left[\dfrac{1+\rho}{\theta^*} - (1 + \gamma(\theta^*)) \right] \cdot k + \left[\gamma(\theta^*) + \theta^* \cdot \gamma'(\theta^*) + 1 \right]}{(1+k) \cdot \gamma'(\theta^*) + \theta^* \cdot \gamma''(\theta^*) - k \cdot (1 + \rho/\theta^{*2})}$$

由于 $\bar{\theta} \geq \underline{\theta}$，因此 $\gamma(\theta^*) + \theta^* \cdot \gamma'(\theta^*) + 1 > 0$，故 $\dfrac{\mathrm{d}\theta^*}{\mathrm{d}k} > 0$。因而，$\dfrac{\mathrm{d}r^*}{\mathrm{d}k}$ < 0。

证毕。

推论 6.2 实际上为政府针对银行设置的最低资本要求提供了理论上的依据：监管部门可以通过提高银行资本要求，部分地降低银行过度承担风险的动机，从而使得银行的投资行为更为审慎。

下面，我们给出数值例子 6.3，讨论双寡头（duopoly）情形下的均衡存款利率和资产风险水平，从而可以同上一节垄断情形的均衡加以比较，说明银行竞争会加剧过度风险承担。

数值例子 6.3：

我们保持原来例子的参数设定，唯一不同的是，我们考虑存在两家银行的情形，即 $n = 2$。

将各个参数值代入式（6 – 5）和式（6 – 6），可得：

$$\begin{cases} r = 2.5 - 1.8 \cdot \theta - \dfrac{0.32}{\theta} \\ r = 3.8 - 3.6 \cdot \theta \end{cases}$$

通过求解此二元方程，我们可以得到：

$$\begin{cases} r^* = 0.502 \\ \theta^* = 0.916 \\ \gamma(\theta^*) = 0.626 \end{cases}$$

因此，同垄断情形相比，双寡头竞争将导致银行选择风险更高的资产（$0.916 < 0.962$），而存款的利率水平也会大幅提升（$0.502 > 0.335$）①。

6.4 模型结果的讨论及其现实含义

通过上节的理论分析，我们可以发现银行之间的竞争将导致其投资风险过高的资产。在本节中，我们将对理论分析的结果同现实情况相结合，并做出进一步的讨论，得到相关的政策含义。

随着我国经济市场化程度不断提高，商业银行的自主经营、自负盈亏的经济主体地位也不断巩固，其追逐更高营业利润的激励机制也随之建立起来。但是，由于存贷利率受到管制，银行通过利率的渠道吸引资金的操作空间十分有限。于是，从 2004 年开始，我国的商业银行逐渐开始转向发行理财产品以吸收更多的资金。随着银行之间竞争程度不断增加，理财产品所许诺的收益率节节攀升，但其风险程度也令人担忧，本章在导言中的例子便是生动的实例。通过本章的分析，我们可以得到如下四点政策启示：

---

① 注意到，在本章的经济环境中，银行竞争不会对社会福利带来任何好处，只会使得存款利率上升而导致银行承担过度的风险。这使得最优银行产业结构是只有一个银行的垄断结构。但是，如果我们引入竞争的益处，比如提升了银行金融创新的激励，那么，只有少数几家银行的垄断性银行部门肯定不会是最优的。

6.4.1 加强对银行资本的监管

美国的次贷危机让人们深刻地感到目前的金融监管措施尚不足以维持金融系统的稳定性。为了提升金融系统的稳定性以及自我恢复能力，加强银行的资本监管几乎是各国监管部门一致的看法。资本监管的目的不仅在于当银行陷入困境时，银行的资本金可以起到缓冲的作用，更在于能够在事前为银行提供正确的激励，使其行为更为谨慎。为了达到这样的政策目标，银行的资本要求一方面在数量上需要有所提升，更重要的是对不同风险的资产区别对待，特别是对于一些高风险的表外业务，也需要在资本要求上有所体现，巴塞尔Ⅲ已经在这方面做出了初步的尝试。

6.4.2 维护银行良性竞争的市场环境

商业银行之间有序的竞争有助于提升金融服务的质量，为金融创新提供动力。但是，如果监管部门不加以控制，银行间的这种竞争很容易演变成为争夺存款的恶性竞争，这很可能造成银行系统吸收过度的风险，甚至引发金融危机。因此，相关的监管部门一方面需要尊重市场，相信市场可以对银行提供一定的约束力，另一方面也需要认识到市场存在着失灵的可能性，因而需要完善相关的法律法规以维护商业银行良性竞争的市场环境。

6.4.3 降低银行提供金融服务的成本

从本章的分析可以看出，银行业的高成本也是造成过度风险承担的诱因之一。使用诸如互联网金融、金融科技等新技术，可以提升金融服务的效率、降低相应的成本，不仅会为普通储户带来更多的便利，还可以通过提升银行谨慎行为的收益，抑制银行追求高风险的冲动，从而使得整个银行系统更加稳定。

6.4.4 逐步有序地放松利率管制

利率市场化是近一两年学界和业界讨论的热点话题。放松利率管制有利于降低企业的融资成本，还可以促使银行将竞争的范围从表外业务部分地转向表内业务。这有助于监管部门对于银行风险的控制和监督，并且可以通过适度地提升存款利率，让普通民众获得更高的资本利得。

6.5　本章总结

本章利用环形城市模型，引入银行对于消费者存款的竞争，讨论银行竞争对于风险承担的影响，并得出如下结论：银行之间为了吸收存款而展开的竞争将加剧银行的投资风险；并且，银行竞争程度越激烈，其过度风险承担的问题越严重；监管部门则可以通过提高银行资本要求部分地抑制银行过度承担风险的动机。

本章首先给出社会最优情况下的银行风险承担水平，然后基于环形城市模型引入银行间竞争。对于银行存款竞争的环形城市模型，我们证明了对称纳什均衡的存在性，并对均衡时银行的资产选择、存款利率决定以及银行资本比例加以刻画。我们进一步比较了均衡时的风险承担水平同社会最优水平的关系，发现引入银行存款竞争将导致银行承担过度的风险。最后，我们通过比较静态分析，发现随着经济中银行数量的增多，银行所选择的资产风险水平也会随之提高；而银行交易成本的下降则有助于降低银行过度承担风险的动机。此外，监管部门可以通过提高银行资本要求部分地缓解银行过度承担风险的问题。

本章所做的分析，有助于理解当前我国商业银行为了吸引更多资金而做出的相关投融资行为，同时也为监管部门制定相关政策以降低银行体系的信用风险提出了一些有价值的建议。

第 7 章　本书结论

本书分析了导致银行部门信用风险加剧的四个可能的原因：基于私人信号的存款者挤兑、投资者的资产抛售行为、银行对其投资选择的有限承诺能力以及银行为了吸引存款而展开的竞争。本书基于对现实经济的观察，通过构建理论模型，解释了上述四个导致信用风险上升的经济诱因通过何种渠道影响银行的融资结构与投资选择。作为本书的最后一章，本部分将对本书理论分析所得到的相关结果加以梳理和总结，并展望未来可能的研究方向。

7.1　本书相关结论的梳理与总结

本书首先说明，当面临存款者挤兑风险时，银行所选择的风险资产投资比重将高于社会最优的水平。本部分运用全局博弈（global games）的方法，在戴蒙德和迪布维格（Diamond and Dybvig, 1983）的经典框架下，分析了挤兑风险和银行投资风险之间的相互作用。由于耐心存款者是否取款决定于其所收到的关于经济基本面的私人信号，而风险资产的未来收益会受到经济基本面的影响，因此，挤兑风险将使得银行系统的稳定性更加依赖于经济状态的波动，从而加剧银行部门的脆弱性。这一结果凸显了市场约束力（market discipline）的局限性：为银行提供资金的存款者彼此之间的协调失灵（coordination failure）可能会加剧银行系统的风险承担水平。政府可以通过提供存款保险降低发生存款者挤兑的概率，从而增强银行系统的稳定性。但是，存款保险本身也存在着种种缺陷，反而可能加剧银行的过度风险承担问题。

其次，本书的关注点放在投资者在资产市场的抛售行为对于银行信用风险的影响。基于"资产抛售—价格下降—去杠杆—信用风险上升"这一传导机制，分析或有资本在稳定金融市场价格和降低金融机构信用风险方面的作用机制和实现条件。通过构建一个简单的多期模型，本部分得到如下结论：通过事先持有或有资本，银行能够有效地降低自身的信用风险，并在一定条件下减少资产的抛售量，实现稳定金融市场的目的。本部分首先分析了当资产价格外生给定时，拥有不同资本结构的银行发生信用风险的条件；以及，当银行拥有或有资本时，其选择不同资本补充方式（选择抛售资产还是触发或有资本转换）的条件。然后，通过引入资本市场将资产价格内生化，发现之前得到的主要结论仍然成立，验证了本部分理论分析结果的稳健性。

再次，本书强调了银行对其投资选择的承诺能力的重要性。当存款者面临流动性冲击的情况下，如果银行可以自主选择长期资产的收益和风险，但却无法向存款者对其资产选择做出可置信的承诺，同社会福利最大化的情形相比，均衡时的资源配置将发生严重的扭曲：短期存款利率过低，长期存款利率过高，并且银行所选择长期资产的风险也将高于社会最优水平。但是，如果监管部门可以针对银行融资利率的期限结构施加有效的规制，那么，长期资产的风险水平可以恢复到社会最优的水平。

最后，本书建立了银行间存款竞争与银行投资选择之间的关系。银行之间为了吸收存款而展开的竞争将加剧银行的投资风险；并且，银行竞争程度越激烈，其过度风险承担的问题越严重。即使不考虑银行的特许权价值，监管部门也无法通过银行资本要求以及存款利率上限规制有效地限制银行的投资风险。本部分首先给出社会最优情况下的银行风险承担水平，然后基于环形城市模型引入银行间的存款竞争，本部分证明了对称纳什均衡的存在性，并对均衡时银行的资产选择、存款利率决定以及银行资本比例加以刻画。本部分进一步比较了均衡风险承担水平同社会最优水平的大小，发现引入银行存款竞争将导致银行承担过度的风险。最后，通过比较静态分析，本部分发现随着经济中银行数量的增多，银行所选择的资产风险水平也会随之提高；而银行交易成本的下降有助于降低银行过度承担风险的动机。此外，监管部门可以通过提高银行资本要求部分地缓解银行过度承担风险的问题，但却无法使得银行的资产选择恢复到社会最优的水平。因此，监管部门还应该考虑对银行的数量加以控制并降低金融服务成本，从而进一步减轻银行部门的过度风险承担问题。

综上所述，本书从四个不同的侧面分析了为什么银行部门的信用风险水平会高于社会最优的水平。同现实情况相对照，这四个原因的重要程度会根据经济状态的不同而发生变化：当经济形势较好时，银行业的利润水平也会随之上升，这会使得银行有动机吸收更多的资金以扩大投资的规模和范围，从而使得信用风险加剧的银行竞争渠道变得更为重要；当经济的状态转为下行，资产价格也随之不断下降，银行部门陷入财务困境，存款者从银行提前取款以及投资者担心未来资产价格下跌而提前抛售的愿望变得越来越强烈，此时，信用风险上升的挤兑风险与资产抛售渠道便起着主导性的作用；最后，无论经济形势如何，银行资产负债表的复杂性和模糊性，使得银行无法针对其资产选择向投资者做出有效的承诺，这将进一步加剧银行部门的风险承担问题。

因此，相关监管部门应该因势利导，根据经济实际状况和发展趋势，针对导致银行投资风险加剧的不同诱因制定不同的政策组合，以实现银行部门的稳定、保障投资者的正当权益。

7.2 未来研究方向的展望

基于本书所做的分析以及相关文献的结果，有如下几个方面可以在未来的研究中加以拓展：

第一，本书讨论存款者挤兑与银行投资风险的关系时，分析了存款保险制度对挤兑概率和银行投资选择的影响。这一问题对于我国目前的经济状况具有特别的现实意义。由于我国商业银行系统演进的特殊性，银行和政府之间的关系非常紧密，政府不会允许银行轻易倒闭几乎是人尽皆知的共识。这种政府的隐性保险实际上会使得银行的风险承担水平更为扭曲，而选择更为透明的存款保险制度则有助于规范银行的投资选择。因此，我国在2015年3月公布《存款保险条例》，并于5月1日正式实施，这标志着我国由隐形全额保险正式过渡到显性存款保险制度。

但本书对于这部分的分析还处于相当初步的阶段，尚未构建严格的数理模型加以分析。因此，其间的经济作用力还无法得到清晰的识别。特别是在引入存款保险制度之后，一方面会为银行部门带来的稳定性；另一方面则可能导致更为严重的道德风险问题，两者之间的权衡将决定最优的存款保险合同。另外，有可能需要引入如风险加权资本要求等其他监管工具以缓解存款保险制度所带来的负面效果。由于应用全局博弈的方法讨论存款保险合同的设计问题在数学上具有相当的复杂性，因此，这方面的分析还有待以后进一步的研究。

第二，本书在分析或有资本对于银行信用风险以及资产抛售行为的影响时，较少涉及或有资本的具体设计与监管问题。例如，如何最优地设计或有资本的转换率以及相应的触发机制，如何最优地限定银行或有资本的持有比例，才能够最大限度地维护银行部门的稳定性。这些同样是政府的相关监管部门和金融从业者非常关注的问题。希望未来能够基于本书的理论架构对这些问题加以深入探讨。

第三，在讨论银行对于未来投资选择的有限承诺能力对其风险承担的影响时，本书在一个存在流动性冲击的经济环境中，说明银行有限承诺能力将造成银行在投资中承担过度的风险。本书指出，相关监管部门可以通过对银行所提供的存款利率期限结构加以适当的规制，能够使得银行的风险承担水平恢复到社会最优的水平。但是，由于数理模型的复杂性，本书在这一部分的分析中只能通过一个数值例子对该结果加以说明，尚无法在一个一般性的框架下得到更为稳健的结论。希望未来能够将通过数值例子得到的结果加以扩展，从而扩大这些结果的适用范围。

第四，关于银行竞争对过度风险承担的影响，本书已经得到了一些非常有趣的结果。正如本书第 2 章所提到的一些文章，目前，这一领域在学界仍然受到广泛的关注。因此，我们可以基于现实的观察，在本书的框架中引入更多的经济要素，从而得到更为丰富的结果。例如，我们可以将银行的竞争范围扩展到信贷市场，并且可以考虑借款者诸如风险转移之类的策略行为。另外，我们可以允许银行使用更多的方式控制项目的风险水平，例如，对借款者进行事后的监督，或者进行事前的信贷配给，甚至可以在银行竞争的框架下讨论最优的借贷合同设计问题。在此基础之上，我们可以进一步引入政府监管部门，讨论如何制定相关的规制措施，以提高资源配置的效率，增进社会总体福利水平。

第五，本书主体部分的第3、第4、第5、第6章都是相对独立地讨论导致银行部门信用风险加剧的四个不同的实现机制。一个有趣的问题是，如果考虑这四种机制之间的相互影响，会不会得到更丰富、更具现实含义的结果？例如，在第4章中，同时考虑银行的有限承诺能力和存款者挤兑的风险，这两股作用力的交互作用会对银行风险承担产生怎样的影响？笔者希望在未来的研究中，能够对这一类问题得到较好的解答。

参 考 文 献

[1] 曹廷求，张光利. 特许权价值、市场结构与银行风险承担 [J]. 金融改革，2011（11）.

[2] 崔婕，沈沛龙. 商业银行资本补充机制的或有资本引入研究 [J]. 国际金融研究，2012（11）.

[3] 郭桂霞，沈婷. 或有资本的最优触发水平与转换比率——基于信息不对称的视角 [J]. 浙江社会科学，2015（11）.

[4] 韩立岩，李燕平. 我国上市银行特许权价值与风险行为 [J]. 金融研究，2006（12）.

[5] 黄张凯. 金融中介：文献综述和最新发展 [J]. 管理世界，2006（2）.

[6] 贾春新，夏武勇，黄张凯. 银行分支机构、国有银行竞争与经济增长 [J]. 管理世界，2008（2）.

[7] 江曙霞，陈玉婵. 货币政策、银行资本与风险承担 [J]. 金融研究，2012（4）.

[8] 李燕平，韩立岩. 特许权价值、隐性保险与风险承担——中国银行业的经验分析 [J]. 金融研究，2008（1）.

[9] 马一，葛静. 或有可转债定价模型的理论与实证研究. 投资证券保险，2015（10）.

[10] 马英举. 银行投资风险与存款者挤兑行为之研究 [D]. 北京：北京大学，2012.

[11] 尚文程，刘勇，张蓓. 银行特许权价值、风险和竞争——来自于我国上市银行的证据 [J]. 财经问题研究，2012（1）.

[12] 谭莹, 李舒. 我国商业银行结构型理财产品的现状、特点及发展 [J]. 问题探讨, 2009 (12).

[13] 徐明东, 陈学彬. 货币环境、资本充足率与商业银行风险承担 [J]. 金融研究, 2012 (7).

[14] 翟立宏, 张星. 商业银行结构性理财产品的现状及发展前景 [J]. 中国金融, 2009 (14).

[15] 张雪兰, 何德旭. 货币政策立场与银行风险承担——基于中国银行业的实证研究: 2000 - 2010 [J]. 经济研究, 2012 (5).

[16] 张宇驰, 揭月慧. 监管改革、银行竞争与风险承担 [J]. 财经问题研究, 2011 (10).

[17] 郑龙. 我国商业理财产品研究 [D]. 江西财经大学, 2012.

[18] Acharya, V. V., M. P. Richardson, edit, *Restoring Financial Stability: How to Repair a Failed System*, John Wiley & Son, Inc., Hoboken, NJ, 2009.

[19] Acharya, V. V., T. F. Cooley, M. P. Richardson, I. Walter edit, *Regulating Wall Street: The Dodd-Frank Act and The New Architecture of Global Finance*, John Wiley & Son, Inc., Hoboken, NJ, 2011.

[20] Admati, A. and M. Hellwig. *The bankers' New Clothes: What's Wrong with Banking and What to Do About It*. Princeton University Press, 2014.

[21] Admati, A. R., P. M. DeMarzo, M. F. Hellwig, P. Pfleiderer, "Debt Overhang and Capital Regulation", Working Paper, 2012.

[22] Admati, A. R., P. M. DeMarzo, M. F. Hellwig, P. Pfleiderer, "Fallacies, Irrelevant Facts, and Myths in the Discussion of Capital Regulation: Why Bank Equity is Not Socially Expensive", Working Paper, 2013.

[23] Aharony, J. and I. Swary, "Contagion Effects of Bank Failures: Evidence from Capital Markets", *Journal of Business*, 1983, 56 (3), 305 - 322.

[24] Allen, F., and D. Gale, "Competition and Stability", *Journal of Money, Credit and Banking*, 2004, 36 (3), 453 - 480.

[25] Allen, F., and D. Gale, "Financial Contagion", *Journal of Political Economy*, 2000, 108 (1), 1 - 29.

[26] Allen, F., and D. Gale, "Optimal Financial Crises", *Journal of*

Finance, 1998, 53: 1245 – 1284.

[27] Allen, F. , and D. Gale, *Comparing Financial Systems.* MIT Press, Cambridge, MA, 2000.

[28] Allen, F. , and D. Gale, *Understanding Financial Crises.* Oxford University Press, New York, 2010.

[29] Allen, F. , QJ. Qian, and M. Qian, "China's Financial System: Past, Present, and Future", in *China's Great Economic Transformation*, edited by Brandt, L. and T. G. Rawski, Cambridge University Press, 2008, 506 – 568.

[30] Allen, F. , QJ. Qian, C. Zhang, and M. Zhao, "China's Financial System: Opportunities and Challenges", in *Capitalizing China*, edited by Fan, J. P. H. and R. R. Morck, University of Chicago Press, 2012, 84 – 166.

[31] Anderlini, I. , "Theoretical Modelling of Banks and bank runs", in *The Economics of Missing Markets*, *Information and Games*, edited by Hahn, F. , Oxford: Oxford University Press, 1989.

[32] Andolfatto, D. , and E. Nosal. "A Theory of Money and Banking", Working Paper, 2003.

[33] Arifovic, J. , J. H. Jiang, and Y. Xu, "Experimental Evidence of Bank Runs as Pure Coordination Failures", *Journal of Economic Dynamics and Control*, 2013, 37 (12), 2446 – 2465.

[34] Besanko, D. and G. Kanatas, "The Regulation of Bank Capital: Do Capital Standards Promote Bank Safety?", *Journal of Financial Intermediation*, 1996, 5 (2), 160 – 183.

[35] Besanko, D. , and A. Thakor, "Relationship Banking, Deposit Insurance and Bank Porfolio", in *Capital Markets and Financial Intermediation*, edited by C. Mayerand X. Vives, Cambridge University Press, Cambridge, 1993.

[36] Bhattacharya, S. and P. Fulghieri, "Uncertain Liquidity and Interbank Contracting", *Economics Letters*, 1994, 44, 287 – 294.

[37] Bolt, W. and A. F. Tieman, "Banking Competition, Risk, and Regulation", *Scandinavian Journal of Economics*, 2004, 106 (4), 783 – 804.

[38] Bolton, P. and F. Samama, "Capital Access Bonds", *Economic Poli-*

cy, 2012, 276 – 316.

[39] Boot, A. , and S. Greenbaum. , "Bank Regulation, Reputation and Rents: Theory and Policy Implications", in *Capital Markets and Financial Intermediation*, edited by C. Mayerand X. Vives, Cambridge University Press, Cambridge, 1993.

[40] Bordo, M. D. , "Bank Collapse and Depression", *Journal of Money, Credit and Banking*, 1981, 13 (4), 454 – 464.

[41] Bordo, M. D. , "The Lender of Last Resort: Alternative Views and Historical Experience", *Economic Review*, 1980, 76 (1), 18 – 29.

[42] Boyd, J. H. , and G. De Nicolo, "The Theory of Bank Risk Taking and Competition Revisited", *Journal of Finance*, 2005, 60, 1329 – 1343.

[43] Boyd, J. H. , and M. Gertler, "U. S. Commercial Banking: Trends, Cycles and Policy", *NBER Macro Annual*, 1993, 8, 311 – 377.

[44] Boyd, J. H. , G. De Nicoló, and B. D. Smith, "Crises in Competitive Versus Monopolistic Banking Systems", *Journal of Money, Credit and Banking*, 2004, 36 (3), 487 – 506.

[45] Brunnermeier, M. and M. Oehmke, "The Maturity Rat Race", *Journalof Finance*, 2013, 68 (2) , 483 – 521.

[46] Brunnermeier, M. K. and L. H. Pedersen. "Market Liquidity and Funding Liquidity. " *Review of Financial Studies*, 2009, 22 (6), 2201 – 2238.

[47] Bryant, J. "A Model of Reserves, Bank Runs, and Deposit Insurance", *Journal of Banking and Finance*, 1980, 4 (4), 335 – 344.

[48] Calomiris, C. and Herring, R. , "The Whys and Hows of CoCo Issuance", *Central Banking*, 2011, 21 (4), 42.

[49] Calomiris, C. and C. Kahn, "The Role of Demandable Debt in Structuring Optimal Banking Arrangements", *The American Economic Review*, 1991, 81, 497 – 513.

[50] Calomiris, C. W. , and G. Gorton. "The Origins of Banking Panics: Models, Facts, and Bank Regulation", In *Financial Markets and Financial Crises*, University of Chicago Press, 1991, 109 – 174.

[51] Caminal, R. and C. Matutes, "Market Power and Banking Failures", *International Journal of Industrial Organization*, 2002, 20 (9), 1341 – 1361.

[52] Carlson, M. and K. J. Mitchener, "Branch Banking, Bank Competition, and Financial Stability", *Journal of Money, Credit and Banking*, 2003, 38 (5), 1293 – 1328.

[53] Carlsson, H. , and E. V. Damme. "Global Games and Equilibrium Selection." *Econometrica*, 1993, 989 – 1018.

[54] Chari, V. V. and R. Jagannathan, "Banking Panics, Information and Rational Expectations Equilibrium", *Journal of Finance*, 1988, 43 (3), 749 – 761.

[55] Chen, Y. , "The Role of the First Come, First Served Rule and Information Externalities", *Journal of Political Economy*, 1999, 107, 946 – 68.

[56] Cooper, Russell, and T. W. Ross, "Bank Runs: Liquidity Costsand Investment Distortions", *Journal of Monetary Economics*, 1998, 41 (2), 27 – 38.

[57] De Martino, G. , M. Libertucci, M. Marangoni, and M. Quagliariello, "Countercyclical Contingent Capital: Possible Use and Ideal Design", Working Paper of Bank of Italy, 2010.

[58] Dewatripont, M. and J. Tirole, *The Prudential Regulation of Banks*, the MIT Press, Cambridge, London, 1994.

[59] Diamond, D. W. and R. G. Rajan, "A Theory of Bank Capital", *Journal of Finance*, 2000, 55 (6), 2431 – 2465.

[60] Diamond, D. W. and R. G. Rajan, "Liquidity Risk, Liquidity Creation and Financial Fragility: A Theory of Banking", *Journal of Political Economy*, 2001, 109 (2), 287 – 327.

[61] Diamond, D. W. and R. G. Rajan, "Liquidity Shortage and Banking Crises", *Journal of Finance*, 2005, 60 (2), 615 – 647.

[62] Diamond, D. W. , "Financial Intermediation and Delegated Monitoring", *Review of Economic Studies*, 1984, 51 (3), 393 – 414.

[63] Diamond, D. W. and P. H. Dybvig, "Bank Runs, Deposit Insurance, and Liquidity", *Journal of Political Economy*, 1983, 91, 401 – 419.

［64］Engineer, M., "Bank Runs and the Suspension of Deposit Convertibility", *Journal of Monetary Economics*, 1989, 24 (3), 443 –454.

［65］Ennis, M. Huberto, and T. Keister, "Bank Runs and Institutions: The Perils of Intervention", *American Economic Review*, 2009, 99 (9), 1588 –1607.

［66］Ennis, M. Huberto, and T. Keister, "Bank Runs and Investment Decisions Revisited", *Journal of Monetary Economics*, 2006, 53 (3), 217 –232.

［67］Ennis, M. Huberto, and T. Keister, "Banking Panics and Policy Responses", *Journal of Monetary Economics*, 2010, 57 (5), 404 –419.

［68］Ennis, M. Huberto, and T. Keister, "Optimal Banking Contracts and Financial Fragility", Working Paper, 2011.

［69］Ennis, M. Huberto, and T. Keister, "Run Equilibria in the Green-Lin Model of Financial Intermediation", *Journal of Economic Theory*, 2009, 144 (9), 1996 –2020.

［70］Flannery, M. J., "'No Pain, No Gain' Effecting Market Discipline via 'Reverse Convertible Debentures'", in Hal S. Sott (ed.), *Capital Adequacy beyond Basel: Banking, Securities, and Insurance*, Oxford University Press, 2005.

［71］Flannery, M. J., "Stabilizing Large Financial Institutions with Contingent Capital Certificates", CAREFIN Working Paper, 2010.

［72］Freeman, S., "Banking as the Provision of Liquidity", *Journal of Business*, 1988, 61 (1), 45 –64.

［73］Freixas, X. and B. Parigi, "Contagion and Efficiency in Gross and Net Interbank Payment Systems", *Journal of Financial Intermediation*, 1998, 7 (1), 3 –31.

［74］Freixas, X. and C. Holthausen, "Interbank Market Integration under Asymmetric Information", *Review of Financial Studies*, 2005, 18 (2), 459 –490.

［75］French, K. M., *The Squam Lake Report: Fixing the Financial System*, Princeton University Press, 2010.

［76］Furstenberg, G. M., "Concocting Marketable Cocos", HKIMR Working Paper, 2011.

［77］Gale, D. and X. Vives, "Dollarization, Bailouts and the Stability of the

Banking System", *Quarterly Journal of Economics*, 2002, 117 (2), 467 – 502.

[78] Garratt, R. and T. Keister, "Bank Runs: An Experimental Study", Working Paper, 2005.

[79] Glasserman, P., and B. Nouri, "Contingent capital with a capital-ratio trigger", *Management Science*, 2012, 58 (10), 1816 – 1833.

[80] Goldstein, I. and A. Pauzner, "Demand-Deposit Contracts and the Probability of Bank Runs", *Journal of Finance*, 2005, 60 (3), 1293 – 1327.

[81] Gorton, G. and A. Metrick, "Securitized Banking and the Run on Repo", *Journal of Financial Economics*, 2012, 104, 425 – 451.

[82] Gorton, G. and G. Pennacchi, "Financial Intermediaries and Liquidity Creation", *Journal of Finance*, 1990, 45 (1), 49 – 71.

[83] Gorton, G., "Banking Panics and Business Cycles", *Oxford Economic Papers*, 1988, 40 (4), 751 – 781.

[84] Gorton, G., "Banks' Suspension of Convertibility", *Journal of Monetary Economics*, 1985, 15, 177 – 193.

[85] Green, J. Edward, and P. Lin, "Diamond and Dybvig's ClassicTheory of Financial Intermediation: What's Missing?", *Federal Reserve Bank of Minneapolis Quarterly Review*, 2000, 24 (Winter), 3 – 13.

[86] Green, J. Edward, and P. Lin, "Implementing Efficient Allocationsin a Model of Financial Intermediation", *Journal of Economic Theory*, 2003, 109 (3), 1 – 23.

[87] Greenbaum, S. I. and A. V. Thakor, *Contemporary Financial Intermediation* (2nd edition), Academic Press, Burlington, MA, 2007.

[88] Guerrieri, V. and R. Shimer, "Dynamic Adverse Selection: A Theory of Illiquidity, Fire Sales, and Flight to Quality", *American Economic Review*, 2014, 104 (7), 1875 – 1908.

[89] Hart, O. and J. Moore, "A Theory of Debt Based on the Inalienability of Human Capital", *Quarterly Journal of Economics*, 1994, 109, 841 – 879.

[90] Hazlett, D., "Deposit Insurance and Regulation in a Diamond-Dybvig-Banking Model with a Risky Technology", *Economic Theory*, 1997, 9, 453 – 470.

[91] Hellmann, T. F. , K. C. Murdock, and J. E. Stiglitz, "Liberalization, Moral Hazard in Banking, and Prudential Regulation: Are Capital Requirements Enough?", *American Economic Review*, 2000, 90, 147 – 165.

[92] Hellwig, F. M, "Systemic Risk in the Financial Sector: An Analysis of the Subprime-Mortgage Financial Crisis", *De Economist*, 2009, 157, 129 – 207.

[93] Herring, R. and P. Vankudre, "Growth Opportunities and Risk-Taking by Financial Intermediaries", *Journal of Finance*, 1987, 42 (3), 583 – 599.

[94] Himmelberg, C. P. , G. Sachs and C. S. Tsyplakov, "Incentive Effects of Contingent Capital", Working Paper of University of South Carolina, 2014.

[95] Holmstrom, B. and J. Tirole, "Private and Public Supply of Liquidity", *Journal of Political Economy*, 1998, 106 (1), 1 – 40.

[96] Holthausen, C. and T. Ronde, "Regulating Access to International Large-Value Payment Systems", *Review of Financial Studies*, 2002, 15, 1561 – 1586.

[97] Huang, P. , "Suspension in a Global-Games version of the Diamond-Dybvig model", Working Paper, 2011.

[98] Huberman, G. and R. Repullo, "Moral Hazard and Debt Maturity", Working Paper, 2011.

[99] Jacklin, C. J. and S. Bhattacharya, "Distinguishing Panics and Information-Based Bank Runs: Welfareand Policy", *Journal of Political Economy*, 1988, 96, 568 – 592.

[100] Jacklin, C. J. , "Demand Deposits, Trading Restrictions, and Risk-Sharing", in *Contractual Arrangements for Intertemporal Trade*, editedby Prescott, E. C. and N. Wallace, Minneapolis: University of Minnesota Press, 1987, 26 – 47.

[101] Jacklin, C. J. , "Market Rate versus Fixed Rate Demand Deposits", *Journal of Monetary Economics*, 1993, 32, 237 – 258.

[102] Jensen, M. and W. Meckling, "Theory of the Firm: Managerial Behavior, Agency Costs and Ownership Structure", *Journal of Financial Economics*, 1976, 3, 305 – 360.

[103] Judd, K. L., "The Law of Large Numbers with a Continuum of i. i. d. Random Variables", *Journal of Economic Theory*, 1985, 35, 19-25.

[104] Kareken, J., "Federal Bank Regulatory Policy: A Description and some Observations", *Journal of Business*, 1986, 59 (1), 3-48.

[105] Keeley, M., "Deposit insurance, risk and market power in banking", *American Economic Review*, 1990, 80 (5), 1183-1200.

[106] Keister, T., "Bailouts and Financial Fragility", *Review of Economic Studies*, 2016, 83 (2), 704-736.

[107] Klos, A., and N. Sträter, "How Strongly Do Players React to Increased Risk Sharing in an Experimental Bank Run Game?", QBER Discussion Paper, 2013.

[108] Klos, A., and N. Sträter, "Level-1 Thinking in an Experimental Bank Run Game", Working Paper, 2010.

[109] Koskela, K. and R. Stenbacka, "Is There a Tradeoff between Bank Competition and Financial Fragility?", *Journal of Banking and Finance*, 2000, 24, 1855-1873.

[110] Leland, H. E., "Corporate Debt Value, Bond Covenants, and Optimal Capital Structure", *Journal of finance*, 1994, 49 (4), 1213-1252.

[111] Leland, H. E., and K. B. Toft, "Optimal Capital Structure, Endogenous Bankruptcy, and the Term Structure of Credit Spreads", *Journal of Finance*, 1996, 51 (3), 987-1019.

[112] Madies, P., "An Experimental Exploration of Self-Fulfilling Banking Panics: Their Occurrence, Persistence, and Prevention", *The Journal of Business*, 2006, 79 (4), 1831-1866.

[113] Martin, A., D. Skeie, and E. V. Thadden. "Repo runs", *Review of Financial Studies*, 2014, 27 (4), 957-989.

[114] Martinez-Miera, D. and R. Repullo, "Does Competition Reduce the Risk of Bank Failure?", *Review of Finance Studies*, 2010, 23 (10), 3638-3664.

[115] McDonald, R. L., "Contingent Capital with a Dual Price Trigger", *Journal of Financial Stability*, 2013, 9 (2), 230-241.

［116］Merton, R. C. , "On the Pricing of Corporate Debt: The Risk Structure of Interest Rates", *Journal of Finance*, 1974, 29 (2), 449 –470.

［117］Morgan, D. P. , "Rating Banks: Risk and Uncertainty in an Opaque Industry", *American Economic Review*, 2002, 92 (4), 874 –888.

［118］Morris, S. and H. S. Shin, "Unique Equilibrium in a Model of Self-fulfilling Currency Attacks", *American Economic Review*, 1998, 88, 587 –597.

［119］Mussa, M. , "Safety and Soundness as an Objective of Regulation of Depository Institutions: Comments of Kareken", *Journal of Business*, 1986, 59 (1), 97 –117.

［120］Peck, J. and K. Shell, "Equilibrium Bank Runs", *Journal of Political Economy*, 2003, 111, 103 – 123.

［121］Pennacchi, G. , "A Structural Model of Contingent Bank Capital", Working Paper of University of Illinois, 2011.

［122］Postlewaite, A. and X. Vives, "Bank Runs as an Equilibrium Phenomenon", *Journal of Political Economy*, 1987, 95 (3), 485 –491.

［123］Povel, P. , and M. Raith, "Optimal Debt with Unobservable Investments", *RAND Journal of Economics*, 2004, 35 (3), 599 –616.

［124］Prescott, E. S. , "Contingent Capital: the Trigger Problem", *FRB Richmond Economic Quarterly*, 2012, 98 (1), 33 –50.

［125］Pyle, D. , "On the Theory of Financial Intermediation", *Journal of Finance*, 1971, 26 (3), 737 –747.

［126］Qi, J. , "Deposit Liquidity and Bank Monitoring", *Journal of Financial Intermediation*, 1998, 7 (2), 198 –218.

［127］Rajan, R. , "Insiders and Outsiders: The Choice between Informed and Arm's-Length Debt", *Journal of Finance*, 1992, 47, 1367 – 1400.

［128］Repullo, R. , "Capital Requirement, Market Power, and Risk-Taking in Banking", *Journal of Financial Intermediation*, 2004, 13, 156 –182.

［129］Repullo, R. , "Liquidity, Risk-Taking, and the Lender of Last Resort", *International Journal of Central Banking*, 2005, 1, 47 –80.

［130］Rochet, J. C. and J. Tirole, "Cooperation among Competitors: The

Economics of Credit CardAssociations", *RAND Journal of Economics*, 2002, 33 (4), 1 – 22.

[131] Rochet, J. C. , and X. Vives, "Coordination Failures and the Lender of Last Resort: Was Bagehot Right After All?", *Journal of European Economic Association*, 2004, 2 (6), 1116 – 1147.

[132] Salop, S. , "Monopolistic Competition with Outside Goods", *Bell Journal of Economics*, 1979, 10, 141 – 156.

[133] Santos, J. A. C. , "Bank Capital Regulation in Contemporary Banking Theory: A Review of the Literature", *Financial Markets, Institutions and Instruments*, 2001, 10 (2), 41 – 84.

[134] Saunders, A. , and B. Wilson, "An Analysis of Bank Charter Value and Its Risk Constraining Incentives", *Journal of Financial Services Research*, 2001, (19): 185 – 195.

[135] Schotter, A. , and T. Yorulmazer. "On the Dynamics and Severity of Bank Runs: An Experimental Study. " *Journal of Financial Intermediation*, 2009, 18 (2), 217 – 241.

[136] Sharpe, S. , "Asymmetric Information, Bank Lending, and Implicit Contracts: A Stylized Model ofCustomer Relationships", *Journal of Finance*, 1990, 45, 1069 – 1087.

[137] Shleifer, A. and R. W. Vishny, "Fire Sales in Finance and Macroeconomics", *Journal of Economic Perspectives*, 2011, 25 (1), 29 – 48.

[138] Shleifer, A. and R. W. Vishny, "Unstable Banking", *Journal of FinancialEconomics*, 2010, 97 (3), 306 – 318.

[139] Siritto, C. P. , "Transparency and Bank Runs", Working Paper, 2010.

[140] Smith, B. , "Private Information, Deposit Interest Rates, and the 'Stability' of the Banking System", *Journal of Monetary Economics*, 1984, 14 (3), 294 – 317.

[141] Stahl, D. O. , "Bertrand Competition for Inputs and Walrasian Outcomes", *American Economic Review*, 1988, 78, 189 – 201.

[142] Stern, G. and R. Feldman, *Too Big to Fail: the Hazards of Bank Bailouts*, the Brookings Institute, Washington D. C. , 2004.

[143] Sundaresan, S. , and Z. Wang, "On the Design of Contingent Capital with a Market Trigger", *Journal of Finance*, 2015, 70 (2), 881 –920.

[144] Temzelides, T. , "Evolution, Coordination and Banking Panics", *Journal of Monetary Economics*, 1997, 40 (1), 163 – 183.

[145] Tirole, J. "Illiquidity and All Its Friends." *Journal of Economic Literature*, 2011, 49 (2), 287 –325.

[146] VanHoose, D. , "Theories of Bank Behavior under Capital Regulation", *Journal of Banking and Finance*, 2007, 31, 3680 –3697.

[147] VanHoose, D. , *The Industrial Organization of Banking: Bank Behavior, Market Structure, and Regulation (2nd Edition)*, Springer, 2010.

[148] Vives, X. , "Competition in the Changing World of Banking", *Oxford Review of Economic Policy*, 2001, 17, 535 –554.

[149] Wallace, N. , "A Banking Model in Which Partial Suspension is Best", *Federal Reserve Bank of Minneapolis Quarterly Review*, 1990, 14, 11 –23.

[150] Wallace, N. , "Another Attempt to Explain an Illiquid Banking: the Diamond-Dybvig Model with Sequential Service Taken Seriously", *Federal Reserve Bank of Minneapolis Quarterly Review*, 1988, 12, 3 –16.

[151] Yanelle, M. O. , "Banking Competition and Market Efficiency", *Review of Economic Studies*, 1997, 64, 215 –239.

[152] Yanelle, M. O. , "The Strategic Analysis of Intermediation", *European Economic Review*, 1989, 33, 294 –301.

[153] Zeng, J. , "Contingent Capital Structure", Working Paper of LSE, 2012.

后 记

　　这本小册子是在本人博士论文的基础上修改而成。第 4 章关于"或有资本"的讨论是新增加的章节。在预答辩时，该章原本是在博士论文中，但评审专家认为这一章的模型和文字尚有较大的改动空间，建议不把这部分内容放入博士论文中。毕业之后，我对或有资本进行了更为深入的思考，并对这一章节的内容进行了较大幅度的修订。趁此次将博士论文整理出书的机会，重新把这一章纳入进来，也算了却了一桩憾事。

　　博士毕业之后，我先在清华大学做了两年博士后研究的工作，头一年基本上延续了博士阶段的题目，从第二年开始便将研究的重心转移到互联网经济领域。因为研究方向的转变，我出站后便进入到中央财经大学中国互联网经济研究院工作。因此，这本书可以说是对我第一阶段研究工作的一个总结。

　　在这本书即将付梓之际，我首先要感谢的博士导师巫和懋教授，我的博士论文（包括本书的第 4 章在内）便是在巫老师的指导下完成的。入门八年、博士毕业近四年，巫老师在学术科研与为人处世方面的谆谆教诲我都牢记在心。2015 年，巫老师从北大国发院荣退，但仍不愿就此闲下来，再次受聘于中国国际工商学院。巫老师对于学术孜孜不倦的追求精神，在退休之际送给我们"三心一意"的箴言，这些都将是伴随我一生的宝贵财富。

　　感谢我目前所在研究院的院长孙宝文教授在我入职以来的这段时间对我科研、工作、生活各个方面的关心和照顾。这本书也是在研究院经费的资助下才得以出版。

感谢博士后合作导师王勇副教授、硕士导师卢荻教授、本科导师王惠文教授以及在我求学各个阶段的其他老师给予我无私的指导与莫大的帮助。

感谢我在读博期间的两位室友：戴觅和茅锐，能够同你们一起学习、生活是我修来的福气。感谢巫老师门下的各位兄弟姐妹，特别是王勇师兄和郭桂霞师姐在我论文写作陷入困境时对我的鼓励与指点；还有魏旭和仕亮两位与我同级的博士兄弟，愿我们未来的学术之路一片坦途。

另外，感谢国家留学基金委为我提供的资助，让我以联合培养博士生的身份在美国纽约大学经济系访学一年。感谢中国博士后科学基金面上项目（2014M560939）以及中央财经大学青年教师发展基金（QJJ1545）在我博士后阶段以及入职工作之后的资助。

从博士毕业至今短短数年，我的人生经历了翻天覆地的变化。先是从小看我长大的姥姥在我博士临毕业之际溘然长逝；然后，北大毕业、进入清华、结婚生子、博士后出站、入职中财；去年年底，我的父亲突发脑梗离我而去。至亲的生死别离只有亲历过的人才能感受其间无可名状的痛苦。好在女儿的出生和成长让我一直都能看到无尽的希望、感到无限的快乐。在未来的日子里，我会更加珍视身边的亲人，我的母亲、我的妻女。

从北大到清华再到中财，虽然一直待在北京的高校里，但身份的转变让我接触了一些自己做学生时没有遇到过的人、经历过的事。即便是在科研体系内，大家所追求的目标也不尽相同，方式方法更是千差万别。相较而言，我的目标相当模糊，方法也显得十分笨拙。但我希望我是在我自己的"时区"里面去做我那些决定读研、读博之后一直以来所认定的正确的事情。

最后，我把博士论文中致谢部分的最后一段文字移到这里，这段文字是我的导师巫和懋教授在 2010 年毕业典礼上所节选的美国诗人罗伯特·弗罗斯特（Robert Frost）一首诗：

黄色的树林里有两条岔路

可惜我不能两条都走……

多年多年以后某个时刻

我将叹息并诉说往事

在布满树叶的两条小径间
我选择了人迹较少的一条路
这就造就了后来我截然不同的人生

刘 航
2017 年 5 月